DEUTSCHE AKADEMIE DER WISSENSCHAFTEN ZU BERLIN

SCHRIFTEN DES INSTITUTS FÜR GESCHICHTE

REIHE I: ALLGEMEINE UND DEUTSCHE GESCHICHTE

BAND 9

ROLF SONNEMANN

DIE AUSWIRKUNGEN DES SCHUTZZOLLS AUF DIE MONOPOLISIERUNG DER DEUTSCHEN EISEN- UND STAHLINDUSTRIE

1879–1892

AKADEMIE-VERLAG · BERLIN · 1960

Erschienen im Akademie-Verlag GmbH, Berlin W 1, Leipziger Straße 3-4
Lizenz-Nr. 202 · 100/106/60
Satz, Druck und Bindung: IV/2/14 · VEB Werkdruck Gräfenhainichen · 1324
Bestellnummer: 2083/I/9
Printed in Germany
ES 14 E

INHALT

VORBEMERKUNG

Die vorliegende Arbeit ist die teils erweiterte, teils gekürzte Fassung einer im Juni 1958 verteidigten Dissertation gleichen Titels. Entsprechend den Anregungen und Hinweisen von Frau Prof. Dr. Giersiepen und der Herren Prof. Dr. Bondi und Dr. Rathmann wurden vor allem Änderungen solcher Art vorgenommen, die dieser Studie mehr den Charakter einer Spezialuntersuchung geben. Es wurde bewußt darauf verzichtet, den Untersuchungen im engeren Sinne eine breite Darstellung sowohl des Entwicklungsstandes des deutschen Kapitalismus zur Zeit der Einführung der Schutzzölle als auch der Methoden und Wege, die zu der reaktionären Schutzzollpolitik Bismarcks führten, voranzustellen. Zu den letztgenannten Fragen sind gerade in jüngster Zeit einige Publikationen erschienen, so daß es schon aus diesem Grunde ratsam war, nur solche Bemerkungen in die für den Druck bestimmte Fassung zu übernehmen, die sich – um den Zusammenhang mit den speziellen Teilen zu wahren – als unbedingt notwendig erwiesen.

Halle (Saale), im Juni 1959

ROLF SONNEMANN

EINLEITUNG

Als nach der zyklischen Krise des Jahres 1873 in Deutschland von seiten der Eisenindustriellen zuerst zaghafte, dann immer bestimmtere und drängendere Forderungen laut wurden, die auf eine Beibehaltung der im großen und ganzen mäßigen Eisenzölle gerichtet waren, und sich später die Junker diesen Bestrebungen anschlossen, war der Auftakt gegeben für das Erscheinen einer Flut von Aufsätzen, Broschüren und Büchern, die in irgendeiner Form zu dem Problem „Schutzzoll oder Freihandel“ Stellung nahmen. Ob unter dem Mantel der „unvoreingenommenen wissenschaftlichen Forschung“ oder unter der Phrase des „Schutzes der nationalen Arbeit“ Theorien von Smith bis zu Prince-Smith, von List bis zu Carey bemüht wurden – hinter jeder Verbrämung verbarg sich ein ganz reales Klasseninteresse, von dem aus die Frage: Schutzzoll oder Freihandel beantwortet wurde.

Diese Erscheinung fand ihre Parallele ein Jahrzehnt später in der Konfrontierung der Begriffe Kartell und freie Konkurrenz. Die ersten festeren Kartelle waren in der Eisenindustrie und den Betrieben der Kohlegewinnung entstanden. Die Theorie mußte diese neuen Formen kapitalistischer Produktion interpretieren. Den Anfang machte der Österreicher Kleinwächter in seinem 1883 erschienenen Buch „Die Kartelle“. Ihm folgte eine Reihe liberaler Kartelltheoretiker, bis sich im Jahre 1894 auf dem Frankfurter Parteitag die SPD zum ersten Mal offiziell mit dem Kartellproblem befaßte.

Auch bei dieser Frage begegnet uns das Für und Wider in der Einschätzung der ersten Anzeichen des Übergangs zum Imperialismus, auch hier finden wir neben einigen wenigen ehrlichen Versuchen, die Monopole zu erklären, zahlreiche Beispiele wissenschaftlicher Nötigung.[1]

[1] So schreibt *Pohle, L.* Die Kartelle der gewerblichen Unternehmer. 1898, S. 2 u. 3. „Es ist in dieser Beziehung manchmal geradezu komisch zu verfolgen, wie die Kartelle bald als ein Zeugnis für, bald als ein solches gegen die von Marx vorausgesagte Entwicklung der bürgerlichen Wirtschaftsordnung, der ‚kapitalistischen Produktionsweise‘, angeführt

Daß Schutzzölle und Monopole in irgendeinem Zusammenhang stehen, sich wechselseitig bedingen und einander vorantreiben, lesen wir in jeder zweiten Abhandlung zu diesem Thema. Speziellere Untersuchungen jedoch, die den Nachweis erbringen bzw. sich darum bemühen zu erklären, in welcher Weise Schutzzölle zur Monopolbildung beitragen, finden sich nur spärlich.
In der vorliegenden Arbeit wird versucht, Klarheit darüber zu gewinnen, ob und in welch konkreter Art und Weise die schutzzöllnerische Wirtschaftspolitik zur Zeit der Kanzlerschaft Bismarcks auf den schnellen Übergang des deutschen Kapitalismus zum Imperialismus eingewirkt hat bzw. ob es berechtigt ist zu sagen, daß die Schutzzölle maßgeblichen Anteil an der raschen Monopolisierung hatten.
Wir haben zu diesem Zwecke die Eisenindustrie ausgewählt,

1. weil sich in ihr am frühesten Tendenzen der Monopolisierung herausgebildet haben und die Großindustriellen dieses Industriezweiges die entscheidende Rolle in der schutzzöllnerischen Agitation spielten,
2. weil sie als eine der Grundlagen der gesamten industriellen Produktion größten Einfluß auf die weiterverarbeitenden Industrien nahm und sich die letzteren in ihrer Abhängigkeit befanden,
3. weil Rüstungswirtschaft und Militarisierung in ihr ihre materielle Basis fanden.

Die Arbeit will ein Teilproblem aus der Vielfalt der mit dem Imperialismus zusammenhängenden neuen ökonomischen Erscheinungen und Kategorien untersuchen. Trotz des relativ eng begrenzten Themas soll der Zusammenhang mit jenen Merkmalen gewahrt bleiben, die Lenin dazu berechtigten, den deutschen Imperialismus als „junkerlich-bourgeoisen“ Imperialismus zu charakterisieren und anzuprangern. Darum sollen die folgenden Ausführungen gewertet werden als ein Versuch, den Entwicklungsweg des deutschen Imperialismus durch die Klärung eines Teilgebietes zu beleuchten und so beizutragen zu den Bemühungen, das Spezifische des deutschen Imperialismus zu analysieren.

werden.“ Als Beispiele führt er entsprechende Bemerkungen aus Artikeln von W. Rosenberg und A. Voigt an.

KAPITEL I

DER ENTWICKLUNGSSTAND DES DEUTSCHEN KAPITALISMUS NACH DER REICHSEINIGUNG UND DER ÜBERGANG ZUM REAKTIONÄREN SCHUTZZOLLSYSTEM

Überblickt man die Entwicklung des deutschen Kapitalismus in der Zeit von 1870 bis 1900, so begegnen einem in dieser geschichtlich kurzen Frist von 30 Jahren so viele, einander widersprechende ökonomische Tendenzen, Merkmale und Kategorien, daß es schwerfällt, sie sowohl ihrem Wesen nach als auch zeitlich genau einzuordnen.

Zu der Zeit, da die industrielle Revolution ihren Abschluß fand, war der nationale Markt gerade erst im Ergebnis der Reichseinigung mittels dreier Kriege geschaffen worden. Andererseits aber machten sich schon unmittelbar nach dem Sieg Preußen-Deutschlands über Frankreich die ersten Anzeichen des Verfalls des Kapitalismus bemerkbar, entstanden Kartelle, die – wenn sie sich auch meistens noch nicht als feste Formen kapitalistischer Zentralisation „bewährten" – die Produktion drosselten, Hochöfen und Walzwerke stillegten, die Kapazität der Werke nicht auslasteten.

In dieser Zeit feierte der Freihandel seine letzten Triumphe und mußte sich doch schon kurz darauf vom Schutzzoll verdrängen lassen; da gebot die Bourgeoisie über eine so große ökonomische Macht, daß sie – ohne am anarchischen Charakter von Produktion und Zirkulation etwas ändern zu können – zu neuen Formen der Leitung und Zusammenfassung der Betriebe Zuflucht nehmen mußte, um diese Macht zu erhalten und in noch höhere Profite umzumünzen.

Aber trotz aller Erfolge der deutschen Bourgeoisie blieb doch die Tatsache, daß sie „zu spät" gekommen war. Wie sollte es ihr möglich sein, sich auf dem Weltmarkt als Konkurrent zu behaupten, wenn diese Welt schon aufgeteilt war?

Mit den herkömmlichen Praktiken aus dem Zeitalter der freien Konkurrenz konnte man in dieser Beziehung wenig ausrichten. Und so kam es, daß die deutsche Bourgeoisie – zumindest ihre reaktionärsten Vertreter – sich früher als die Bourgeois der anderen kapitalistischen Länder ausgesprochen imperialistischen Methoden zuwandte: den Schutzzöllen und dem Dumping.

Sicherung des inneren Marktes durch hohe Schutzzölle und Eroberung fremder Märkte durch die Politik des Dumping! –

Das war ihre Parole. Aber dabei blieb es nicht. Der deutsche Imperialismus bildete sich durch das „Zuspätkommen" von vornherein als besonders aggressiver Imperialismus heraus, wollte den Mangel an Kolonien wettmachen durch eine intensive „friedliche Durchdringung" anderer kapitalistischer und halbkolonialer Länder und war eher als andere imperialistische Staaten geneigt, Kriege anzuzetteln, um so zu der erhofften Beute zu gelangen. Hinzu kam, daß die deutsche Schwerindustrie, kaum dem Jünglingsalter entwachsen, der Monopolisierung unterworfen und damit die Rüstungsindustrie in den Händen weniger Großer konzentriert wurde, die die Militarisierung vorantrieben. Und schließlich ist die Tatsache von großer Bedeutung, daß die Junker nach wie vor ein gewichtiges Wort bei allen politischen und wirtschaftspolitischen Entscheidungen mitredeten, ihr verhängnisvoller, Jahrhunderte alter Einfluß bestehen blieb und so dem deutschen Imperialismus der Charakter eines junkerlich-bourgeoisen Imperialismus aufgeprägt wurde.

Wir können uns nach dieser globalen Einschätzung einiger der Besonderheiten des deutschen Imperialismus den konkreten Tatsachen zuwenden, die die Stellung des kapitalistischen Deutschlands zur Zeit des Einsetzens der „Schutzzollmanie" illustrieren. Es soll Klarheit gewonnen werden über die Frage, ob der Übergang vom Freihandel zum Schutzzoll im Interesse der kapitalistischen Produktion notwendig war und welche wirtschaftlichen und Klassenverhältnisse dabei besonders mitspielten.

1. Die wirtschaftliche Situation nach der Krise von 1873 unter besonderer Berücksichtigung der Lage in der Eisen- und Stahlindustrie

Die hier zu untersuchenden wirtschaftlichen Erscheinungen fallen in eine Zeit, die Lenin — unter dem Aspekt der Geschichte der Monopole — wie folgt gliedert:

„1. In den sechziger und siebziger Jahren des 19. Jahrhunderts — die höchste Stufe der Entwicklung der freien Konkurrenz; kaum merkbare Ansätze zu Monopolen.

2. Nach der Krise von 1873 weitgehende Entwicklung von Kartellen, die aber noch Ausnahmen . . . sind." [1]

Damit bestätigt Lenin die Richtigkeit der Ansicht von Vogelstein: „Die große Umwälzung beginnt mit dem Krach von 1873 oder, richtiger, mit der ihm folgenden Depression, die mit einer kaum merklichen Unterbrechung anfangs der achtziger Jahre und einem ungewöhnlich heftigen, aber kurzen ‚boom' um das Jahr 1889 herum 22 Jahre europäischer Wirtschaftsgeschichte ausmacht." [2]

[1] *Lenin, W. I.*, Der Imperialismus als höchstes Stadium des Kapitalismus. In: „Ausgewählte Werke", Dietz Verlag, 1951, Bd. I, S. 781

[2] *Vogelstein, Th.*, Die finanzielle Organisation der kapitalistischen Industrie und die Monopolbildungen. In: „Grundriß der Sozialökonomik", 1914, VI. Abt. S. 222f., siehe auch Lenin, W. I., a. a. O., S. 780

Die Krise von 1873 war die „umfassendste, tiefste und verheerendste" und zugleich die „letzte klassische Krise des Industriekapitalismus der freien Konkurrenz".[3] Ihr vorausgegangen war ein beachtlicher Aufschwung der industriellen Produktion in den „Gründerjahren", vor allem eine enorme Ausdehnung der Schwerindustrie. Das beweisen folgende Zahlen:

Kohlen-, Eisen- und Stahlproduktion in Deutschland[4]

Jahr	Steinkohlenförderung in Mill. t	Roheisenproduktion in 1000 t	Stahlproduktion in 1000 t
1870	26,4	1346	170
1871	29,4	1492	251
1872	33,3	1927	286
1873	36,4	2174	310

Bei einer Analyse der in den Jahren 1871–1873 erfolgten Neugründungen von Unternehmungen stellen wir fest, daß in der Abt. I 378 Unternehmungen mit einem Kapital von 1 690,5 Mill. Mark, dagegen in der Abt. II nur 185 Unternehmungen mit einem Kapital von 231,6 Mill. Mark gegründet wurden.[5]

Diese Angaben sind nur bedingt gültig; dennoch bleibt die Tatsache, daß die Produktion von Produktionsmitteln eindeutig den Vorrang genoß. Das lag nicht zuletzt daran, daß die Kriegsentschädigung vor allem in die einzelnen Zweige der Abteilung I floß; aber auch für militärische Zwecke wurden eienige Hundert Millionen Mark ausgegeben.[6]

Dieser schnelle Aufstieg der Schwerindustrie darf nicht darüber hinwegtäuschen, daß das Wachstumstempo der gesamten industriellen Produktion Deutschlands in den Jahren von 1868–1878 nur noch ein Drittel dessen betrug, was für das Jahrzehnt von 1851–1860 galt. Andererseits beobachten wir eine wesentliche Verschiebung der Anteile der Abteilungen I und II an der Gesamtproduktion, bzw. ist seit den sechziger Jahren eine bedeutend schnellere Entwicklung der Produktion von Produktionsmitteln festzustellen. Vor allem wächst die Produktion von Kohle und Stahl enorm an.

[3] *Oelßner, F.*, Die Wirtschaftskrisen. Dietz Verlag, 1952, Erster Band, S. 244 u. 263.

[4] Zahlen entnommen aus: Statistisches Handbuch für das Deutsche Reich. 1907. Erster Teil, S. 252 (Steinkohle, Zahlen abgerundet); S. 258/59 (Roheisen); und *Beck, L.*, Geschichte des Eisens, 1903, Fünfte Abteilung, S. 1377 (Flußstahl, Zahlen abgerundet)

[5] *Wirth, M.*, Geschichte der Handelskrisen. 1874, S. 513.

[6] Für den Bau und die Unterhaltung der Kriegsflotte wurden 95.849 Tausend Mark, für den Reichsfestungsbaufonds 216 Mill. Mark, für den Festungsbau in Elsaß-Lothringen 129 Mill. Mark ausgegeben (Siehe *Gerloff, W.*, Die Finanz- und Zollpolitik des Deutschen Reiches... 1913, S. 81, 86–88). Die Mittel für Dotationen an Heerführer und „verdiente Staatsmänner" betrugen allein 12 Mill. Mark (Siehe Deutsches Zentralarchiv Potsdam, Reichstag des Deutschen Reiches, Akten-Nr. 1678 – weiterhin geführt als DZA Potsdam).

Bei einem Vergleich der Industrieproduktion Deutschlands mit der der drei wichtigsten kapitalistischen Länder ergibt sich folgendes Bild:

Anteil Deutschlands an der Weltindustrieproduktion in %[7]

Jahr	Deutschland	England	Frankreich	USA
1870	13	32	10	23
1880	13	28	9	28

Der Anteil Deutschlands blieb konstant, England und Frankreich verloren an Gewicht, während die USA die „Werkstatt der Welt", England, eingeholt hatten. Auf dem europäischen Kontinent hatte sich Deutschland eindeutig als stärkste Industriemacht etabliert, Frankreich war hoffnungslos abgeschlagen. Zu beachten ist jedoch, daß die Kohle- und Stahlproduktion Englands, des wichtigsten Außenhandelspartners Deutschlands, der deutschen Produktion weit voraus war und bei Kohle erst um 1913 annähernd erreicht wurde.

Die Konzentration der Produktion und besonders der Aufbau von Großbetrieben der Schwerindustrie erforderten neue Möglichkeiten bei der Beschaffung finanzieller Mittel. Riesenbetriebe, wie sie infolge der technischen Anwendung neuer Produktionsverfahren besonders in der Eisen- und Stahlindustrie entstanden – so beim Übergang vom Puddelverfahren zum Bessemerprozeß – benötigten auch große Kapitalien. Darum wurde der Ausbau des Banken- und Finanzapparates zu einem charakteristischen Merkmal der Periode nach 1870.

Eine enorme Ausdehnung des Betätigungsfeldes der Banken brachten die „Gründerjahre". Seitdem durch ein Aktiengesetz vom Juni 1870 der Gründung von Aktiengesellschaften weitester Spielraum gewährt worden war, überstürzte sich die Spekulation. Die wahren Nutznießer dieser Jahre waren die ersten der großen D-Banken. Allein in den Jahren von 1870 bis 1872 wurden gegründet: Die Deutsche Bank und die Commerz- und Discontbank (1870) und die Dresdner Bank (1872).

In welchem Maße sich das Gründungsfieber nach 1871 austobte, zeigt folgende Gegenüberstellung: Während in den beiden Jahrzehnten von 1851 bis 1870 – der Zeit stürmischen industriellen Aufschwungs – in Preußen insgesamt 295 Aktiengesellschaften gegründet worden waren, versuchten in dem relativ kurzen Zeitraum von der Mitte des Jahres 1870 bis 1874 857 neugegründete Aktiengesellschaften in Deutschland die „Haussee" für sich auszunutzen.[8]

Neben der Spekulation mit Baugrundstücken waren es vor allem solche im Eisenbahnbau, die Bourgeoisie und Adel, Regierungsbeamte und Mitglieder der kaiserlichen Familie anlockten, bei der sich aber auch viele Kleinbürger versuchten –

[7] *Kuczynski, J.*, Die Geschichte der Lage der Arbeiter in Deutschland, 1871–1932. Tribüne-Verlag, 1954, S. 18.

[8] *Riesser*, Von 1848 bis heute. Bank- und finanzwissenschaftliche Studien. 1912, S. 8 u. 63.

und dabei oft genug ihr Vermögen verloren; denn viele dieser geplanten Eisenbahnbauten erwiesen sich als unrentabel, wurden niemals durchgeführt oder durch einen schwunghaften Handel mit Konzessionen so teuer, daß die kleinen Aktionäre kaum etwas verdienten.

Insgesamt erwiesen sich die Gründerjahre für bestimmte Teile der Bourgeoisie und des preußischen Adels, besonders der kapitalistisch wirtschaftenden Junker Ostelbiens als die historische Neuauflage einer Art ursprünglicher Akkumulation. Sowohl die Geldgeschenke als auch die Spekulationsgewinne verhalfen den oft am Rande des Konkurses stehenden Junkern zu einer Fortführung ihrer Gutswirtschaften, Zuckerfabriken und Schnapsbrennereien. —

Wenden wir uns dem für diese Arbeit wichtigen Produktionszweig zu.

Noch kurz vor dem Übergreifen der Krise von 1873 auf Deutschland hatte der Reichstag ein Gesetz angenommen, wonach die Roheisenzölle mit Wirkung vom 1. 10. 1873 ganz fortfallen und die Zölle auf Eisenwaren bis auf unbedeutende Ausnahmen nach dem 1. 1. 1877 nicht mehr gelten sollten.

Diese freihändlerisch orientierte Handelspolitik war nicht von langer Dauer. Im Jahre 1879 wandte sich Deutschland — erstmalig im Verlaufe seiner gesamten kapitalistischen Entwicklung — dem System des Hochschutzzolles zu.

Es ergibt sich die Frage: Bedurfte die Eisenindustrie der Schutzzölle wirklich? Befand sie sich in einer solch mißlichen Lage, daß sie der Konkurrenz der anderen kapitalistischen Länder schutzlos ausgeliefert war? Wenn ja, war daran der Freihandel schuld?

Daß diese Frage nicht erst in den 70er Jahren einer Lösung zugeführt werden mußte, wissen wir u. a. aus einer Stelle des Briefwechsels zwischen Marx und Engels. Am 4. 5. 1868 schrieb Marx, sich auf einen Brief von Schweitzer beziehend, an Engels: „Meine Ansicht ist, daß die Deutschen Herabsetzung des Schutzzolls auf Roheisen vertragen können und daß die Fabrikanten auch in den anderen Artikeln das Geheul übertreiben. Diese Ansicht beruht auf Vergleichung des englischen und deutschen Exports in neutralen Märkten ...“ [9]

Aber, so fährt Marx fort, diese Tatsache müsse im Parteiinteresse ausgebeutet werden. Sein Vorschlag wäre darum:

„1. *Keine Zollherabsetzung,* bevor parlamentarische Enquete über den Zustand der deutschen Eisen-Bergwerksproduktion und Manufaktur. Aber diese Enquete nicht, wie die Herrn Bourgeois wollen, bloß auf Handelskammern und ‚Sachverständige‘ zu beschränken, sondern gleichzeitig auf die *Arbeiterverhältnisse* in besagten Zweigen auszudehnen, um so mehr, als die Herrn Fabrikanten nur ‚zum Schutz‘ der Arbeiter die Schutzzölle ‚verlangen‘ und außerdem entdeckt haben, daß der ‚Wert des Eisens‘ nur ‚aus Arbeitslohn und Fracht‘ besteht.

2. *Keine Zollherabsetzung,* bevor Enquete über die Art und Weise, wie die *Eisenbahnen* ihr Monopol mißbrauchen, und bevor ihre Fracht- (und Per-

[9] *Marx, K./Engels, F.,* Briefwechsel. Dietz-Verlag, 1950, Band IV, S. 60.

sonen-)Quotationen durch gesetzliche Bestimmungen reguliert sind. Ich wünsche nur umgehend Deine Ansicht, ..." [10]

Schon zwei Tage später antwortet Engels:

„... ist es für mich keinem Zweifel unterworfen, daß die deutsche Eisenindustrie den Schutzzoll entbehren, a majore (um so mehr) also auch die Herabsetzung des Zolls auf Roheisen von 7½ Groschen auf 5 Groschen per Zentner ... vertragen kann ... Die Eisenausfuhr mehrt sich jährlich, und zwar nicht nur nach Belgien. Was zugrunde gehen würde, sind einzelne ... weit von Kohlen abliegende und sonst auf ungenügenden, schlechten Gruben beruhende Eisenhütten.
(... *Diese* Art Werke schreit nach Schutzzoll und wird als Beleg dafür angeführt, daß er nötig) ...
Was die Eisenbahnen angeht, so sind die Frachtsätze in Deutschland *billiger* als anderswo und da der Güterverkehr in Deutschland die *Hauptsache* ist, kann dies nicht anders sein. Sie könnten aber immer noch mehr gedrückt werden ... Das Schreien der Eisenkerls über hohe Frachten ist also im ganzen unbegründet." [11]

Die Eisenindustrie war unter einem mäßigen Zollschutz groß geworden. Nach dem preußischen Zolltarif vom 26. Mai 1818 blieb das Roheisen von jeder Eingangsabgabe frei. Im Jahre 1844 wurden je 50 kg Roheisen mit einem Zoll von 1,— Mark belegt; nach dem Handelsvertrag mit Frankreich fiel dieser auf 0,75 Mark. Vom 1. Juni 1868 bis zum 1. Oktober 1870 wurde pro 50 kg Roheisen aller Art ein Eingangszoll von 0,50 Mark, vom 1. Oktober 1870 bis 1. Oktober 1873 ein solcher von 0,25 Mark erhoben. Vom 1. Oktober 1873 bis zum 31. Mai 1879 konnte Roheisen zollfrei eingeführt werden.[12]
Diese Zölle fielen kaum ins Gewicht. Unter solchen Bedingungen entwickelte sich die Roheisenproduktion wie folgt:

Roheisenproduktion Deutschlands in Tonnen [13]

1871 = 1.564.000	1875 = 2.029.000
1872 = 1.988.000	1876 = 1.846.000
1873 = 2.241.000	1877 = 1.933.000
1874 = 1.906.000	1878 = 2.148.000

Von 1871 bis 1873 steigt die Produktion von Roheisen um 43 % an, schwankt dann um die 2-Mill.-t-Grenze und liegt im Jahre 1879 immer noch um 14 000 t unter dem Stand von 1873. Erst im Jahre 1880 ist das Niveau von 1873 wieder überschritten.

[10] Ebenda. [11] Ebenda.
[12] Vgl. *Sering, M.*, Geschichte der preußisch-deutschen Eisenzölle. 1882, S. 272.
[13] Statistisches Handbuch für das Deutsche Reich. 1907. Erster Teil, S. 259.

Die Zahlen beweisen klar den Einfluß der „positiven Folgen" der Reichsgründung, aber auch die Auswirkungen der Krise mit der ihr folgenden, lang anhaltenden Depression. Die Schutzzollforderungen der Eisenindustriellen könnten darum auf den ersten Blick als gerechtfertigt erscheinen. Wir erinnern uns jedoch der Meinung von Friedrich Engels, der in der Vorrede zur amerikanischen Ausgabe von Marx' „Rede über die Frage des Freihandels" schrieb: „Gerade in dem Augenblick, wo mehr als je der Freihandel eine Notwendigkeit für Deutschland schien, gerade da führte es Schutzzölle ein." [14] Und an anderer Stelle erklärt uns Engels, warum diese Notwendigkeit bestand: „Nächst den Eisenbahnen ... hatte sich die Spekulation (in den Gründerjahren. R. S.) besonders auf die Eisenindustrie gestürzt. Große Fabriken schossen wie Pilze aus dem Boden... Leider stellte es sich am Tage der Krise heraus, daß es für diese riesige Produktion keine Verbraucher gab. Große Industriegesellschaften standen vor dem Bankrott.

Als gute deutsche Patrioten, die sie waren, ersuchten ihre Direktoren die Regierung um Hilfe: um Einfuhrschutzzölle, die sie bei der Ausbeutung des inneren Marktes vor der Konkurrenz des englischen Eisens schützen sollten... Nehmen wir Eisen. Die Periode der Spekulation und der fieberhaften Produktion hat Deutschland zwei Werke beschert (die Dortmunder Union und die Laura-Hütte), die jedes für sich allein soviel produzieren können, wie der gesamte Konsum des Landes durchschnittlich erfordert... Somit ist der Verbrauch von Eisen im Innern mindestens drei- oder vierfach gedeckt. Man sollte meinen, daß eine solche Lage unbedingt einen unbegrenzten Freihandel erfordere, der allein imstande wäre, diesem riesigen Produktionsüberschuß einen Absatzmarkt zu sichern. Man sollte es meinen, aber das ist nicht die Ansicht der daran Interessierten." [15]

Wir wollen versuchen, die Ansicht von Engels im einzelnen durch Zahlen zu belegen, um die Unsinnigkeit der Schutzzollforderungen gewisser Kreise der deutschen Eisenindustriellen nachzuweisen.

Werfen wir darum zunächst einen Blick auf die Ein- und Ausfuhr von Eisen- und Stahlwaren.

Bis zum Jahre 1870 war das Ausland an der Deckung des deutschen Roheisenverbrauchs mit ungefähr 18 bis 19 % beteiligt (Maximal- bzw. Minimalwerte).[16] In den „Gründerjahren" wurde der Bedarf an diesem für die Rüstungsproduktion und den Eisenbahnbau so wichtigen Ausgangsstoff so groß, daß die Einfuhr auf 23, 25 und 1873 erneut auf 25 % des Gesamtverbrauchs stieg. Die Krise und die ihr folgenden Jahre der Depression brachten jedoch kein so radikales Absinken

[14] *Engels, F.*, In: Marx-Engels-Lenin-Stalin. „Zur Deutschen Geschichte". Dietz Verlag, 1954, Band II, 2. Halbband, S. 1048.

[15] *Engels, F.*, Der Sozialismus des Herrn Bismarck. In: Marx-Engels-Lenin-Stalin, a. a. O., S. 1011–1103.

[16] Zahlen errechnet aus: Produktion + Einfuhr – Ausfuhr = Verbrauch. Einfuhr zu diesem ins Verhältnis gesetzt. Zahlen entnommen aus Statistischem Handbuch ..., Teil I, S. 259 und Teil II, S. 460.

der Einfuhr ausländischen Eisens, wie das nach der Krise von 1857 der Fall gewesen war.[17]

Daß in den Jahren 1874 bis 1876 der Anteil ausländischen Eisens an dem Gesamtverbrauch nur auf 24 bzw. 23 % sank, liegt zunächst daran, daß Krise und Aufhebung der Eisenzölle zeitlich zusammenfielen. Die englische Konkurrenz machte sich auf dem deutschen Markt stark bemerkbar. Aber es wäre ein Irrtum, hieraus zu schlußfolgern, daß die deutsche Eisenindustrie nach 1873 nichts so sehr nötig gehabt hätte wie Schutzzölle. Diese Ansicht zu vertreten würde bedeuten, diesen Produktionszweig auch noch für die Jahre nach 1871 mit dem Prädikat „nicht konkurrenzfähig" zu versehen. Es bedarf hier keiner speziellen Untersuchung, daß die deutsche Eisenindustrie schon in den 60er Jahren ein beachtenswerter Konkurrent auf dem Weltmarkt war.

Im Jahre 1867 erreichte die Ausfuhr von Eisen und Eisenwaren – umgerechnet auf Roheisen – zum ersten Male seit 1837 wieder die Höhe von 10 % des Gesamtverbrauches, zwischen 1868 und 1873 schwankte sie zwischen 18 und 20 % und stieg von 1874 bis 1876 von 15 auf 25 % an.[18]

Eine andere Gegenüberstellung beweist noch stärker die Notwendigkeit einer freihändlerischen Handelspolitik. Der inländische Eisenverbrauch war von 1865 bis 1873 um 161 % gestiegen. Während der gleichen Zeit stieg die Ausfuhr um 458 %. Bis zum Jahre 1876 war der Verbrauch an Eisen in Deutschland gefallen auf einen Stand von 155 % des Jahres 1865, betrug also nicht einmal soviel, wie im Jahre 1871 verbraucht worden war. Der Export dagegen erreichte nach 1873 eine Ausdehnung, die geradezu gewaltig anmutet. Waren im Jahre 1865 – umgerechnet auf Roheisen – 75 500 t Eisenwaren ausgeführt worden, so im Jahre 1876 807 000 t und 1878 gar 1 300 000 t. Das entspricht, wenn man die Durchfuhr berücksichtigt und sie darum in Abzug bringt, für die Jahre 1865 bis 1870 einer Steigerung um 754 %.[19]

Allein diese Zahlen würden genügen, um die oben zitierte Behauptung von Engels zu stützen.

Der Genauigkeit halber wollen wir diese Angaben ergänzen durch eine Analyse jenes Produktionszweiges innerhalb der Eisenindustrie, dessen Industrielle am lautesten nach Schutzzöllen gerufen hatten: Die Roheisen erzeugende Industrie. Nach den offiziellen Angaben betrug die Einfuhr ausländischen Roheisens in das deutsche Zollgebiet

in Tausend Tonnen[20]

1873	1874	1875	1876	1877	1878	1879
690	531	606	571	527	458	367

[17] Vgl. Statistisches Handbuch . . ., Teil II, S. 460.

[18] Die folgenden Statistiken beziehen sich zunächst auf die Jahre bis 1876, da mit Wirkung vom 1. 1. 77 die Zölle auf Eisenwaren fortfielen; siehe *Sering, M.*, a. a. O., S. 159.

[19] *Sering, M.*, a. a. O., S. 159/160 u. 269/297.

[20] Statistisches Handbuch . . ., Teil II, S. 460.

Diese Ziffern sind jedoch offensichtlich zu hoch angegeben, da in ihnen ein großer Teil der Durchfuhr enthalten ist, die seit der Aufhebung des Zolls auf Roheisen ab 1. 1. 1873 nicht mehr genau deklariert wurde.[21] Die Annahme vorausgesetzt, daß sich in den Jahren von 1874 bis 1876 der Anteil der Durchfuhr an der Gesamteinfuhr in der gleichen Höhe bewegte wie in den Jahren von 1867 bis 1871 – die Jahre 1872 und 1873 dürfen als in dieser Beziehung anomal nicht berücksichtigt werden – kommen wir zu folgenden korrigierten Einfuhrwerten, die zwar auch nicht exakt sind, auf jeden Fall aber den tatsächlichen Gegebenheiten bedeutend näher kommen.[22]

Einfuhr zum Verbleib
in Tausend Tonnen

1873	1874	1875	1876	1877	1878
690	383	436	411	379	330

Die Einfuhr ist also ganz wesentlich – um über 50 % – zurückgegangen. Größere Bedeutung gewinnen diese Zahlen aber erst dann, wenn wir sie ins Verhältnis setzen zur Produktion des Zollgebietes.

Roheisenproduktion und -einfuhr Deutschlands einschl. Luxemburgs
in Tausend Tonnen

Jahr	Produktion	Einfuhr	Verhältnis von Produktion zu Einfuhr
1873	2.174	690	3,1
1874	1.836	383	4,8
1875	1.981	436	4,5
1876	1.801	411	4,4
1877	1.899	378	5,0
1878	2.119	330	6,4

(Die Zahlen der letzten Spalte geben an, um wieviel Mal die Produktion größer als die Einfuhr war).

Noch größere Beweiskraft erlangen die Angaben bei dem Versuch, die allgemeinen Einfuhrwerte für Roheisen aufzuschlüsseln auf die speziellen Roheisensorten. Das hat folgenden Grund. Die deutschen Eisenindustriellen und ihre Wortführer im Reichstag haben die angeblich miserable Lage der deutschen Eisenindustrie immer wieder mit dem Hinweis darauf begründet, daß der deutsche Markt vor allem mit englischem Roheisen überschwemmt würde. Darum müsse die englische Konkurrenz durch „nationale Schutzzölle" von Deutschland ferngehalten werden.

[21] Siehe hierzu die Erläuterungen und Neuberechnungen von *Sering, M.*, a. a. O., S. 164ff.
[22] Es wird mit *Sering, M.*, a. a. O., S. 165, angenommen, daß durchschnittlich 28% der Gesamteinfuhr zur Durchfuhr bestimmt waren.

Tatsächlich setzte sich die Roheiseneinfuhr Deutschlands zum weitaus überwiegenden Teil aus englischen Importen zusammen.[23]
Zu klären ist, um welche Eisensorten es sich dabei handelte. Leider ist aus der deutschen Einfuhrstatistik nicht zu ersehen, welchen Anteil die einzelnen Roheisensorten bei der Gesamteinfuhr einnehmen. Darum hat Sering nach den Angaben der eisenverarbeitenden Werke (Gießereien, Stahlwerke usw.) die Anteile inländischen und ausländischen Roheisens an dem Gesamtverbrauch dieser Betriebe errechnet.[24] Er kam dabei zu dem Ergebnis, daß die Eisengießereien in den Jahren von 1871 bis 1876 im Durchschnitt 75 %, die Walzwerke 3 % und die Stahlwerke 20 % alles verarbeiteten Roheisens aus dem Ausland bezogen. Setzt man die von Sering angegebenen Mengen ausländischen Gießereiroheisens (1873: 344 000 t, 1874: 303 000 t, 1875: 311 000 t, 1876: 287 000 t) ins Verhältnis zur gesamten Roheiseneinfuhr, so ergeben sich folgende Werte:

Der Anteil ausländischen Gießereiroheisens an der gesamten Roheiseneinfuhr Deutschlands betrug

1873	1874	1875	1876
50 %	80 %	71 %	70 %

Dieses Gießereiroheisen kam fast ausschließlich aus Großbritannien.[25] Sein Bezug war notwendig, weil Deutschland weder eine große Produktion dieser Eisensorte aufzuweisen hatte, noch seine Qualität den Ansprüchen der Gießereien genügte. Erst im Verlaufe der 80er und 90er Jahre gelang es in deutschen Werken, qualitativ gutes Gießereiroheisen zu produzieren. Da in Deutschland nur wenige Hochofenwerke dieses Roheisen herstellten, andererseits aber die Einfuhr von Gießereiroheisen im Durchschnitt 70 % der Gesamtroheiseneinfuhr ausmachte, konnte von einer drückenden Konkurrenz des Auslandes keine Rede sein. Diese Behauptung wird auch gestützt dadurch, daß die deutsche Puddelroheisenproduktion bis zum Jahre 1885[26] die von Gießereiroheisen und Flußeisen übertraf. Bei dieser Roheisensorte bestand aber überhaupt keine ausländische Konkurrenz. Das beweisen folgende Zahlen: So wurden z. B. im Jahre 1878 1 353 000 t deutsches und 34 000 t ausländisches Roheisen verschmolzen.[27] Der Anteil ausländischen Eisens schließlich bei der deutschen Stahlfabrikation resultiert aus

[23] So heißt es in einem Bericht der „Nordwestlichen Gruppe des Vereins deutscher Eisen- und Stahlindustriellen" an Bismarck vom 29. III. 1884: „*Die deutsche Ausfuhr besteht in der Hauptsache aus Spiegeleisen und anderen hochmanganhaltigen Eisensorten, während die fast ausschließlich von England stammende Einfuhr einer gewöhnlichen Schätzung nach zu 2/7 aus Bessemereisen, zu 5/7 aus Gießereiroheisen besteht.*" Deutsches Zentralarchiv Merseburg, Rep. 120 C. Abt. VIII, Fach 1, Nr. 65, vol. 1; (weiterhin geführt als DZA, Merseburg), siehe für die Jahre ab 1879 die Tabelle im Anhang, Anl. III.

[24] Siehe *Sering, M.*, a. a. O., S. 175.

[25] Seite 18, Fußnote 23.

[26] Siehe Tabelle im Anhang, Anlage III.

[27] Siehe *Kestner, F.*, Die deutschen Eisenzölle 1879–1900. 1902, S. 7.

der Notwendigkeit, die Erfordernisse des Bessemerverfahrens zu erfüllen, d. h. phosphorarmes Erz bzw. Roheisen zu verwenden, weil deutsches Eisen nur vereinzelt ohne Zusatz englischen Hämatiteisens zur Stahlfabrikation verwandt werden konnte. Der Beginn der Einführung des Thomasverfahrens im Jahre 1879 brachte hier eine Wende.

Es kann zusammenfassend festgestellt werden:

Die deutsche Eisenindustrie war trotz aller sie beeinflussenden negativen Erscheinungen auch in den Jahren von 1873 bis 1879 durchaus konkurrenzfähig.

Soweit es im Rahmen der kapitalistischen Produktion überhaupt möglich ist, war mit dem Jahr 1879 der Ausgangspunkt für einen erneuten, wenn auch sehr schwachen Aufschwung gegeben. Dieser kurze „boom“ erfolgte *trotz* des 1879 eingeführten Schutzzollsystems und nicht wegen der Schwenkung in der Handelspolitik. Die Ausführungen des letzten Abschnittes sollen u. a. dafür den Beweis erbringen.

2. Das Zolltarifgesetz vom 15. Juli 1879 und seine Vorbereitung [28]

Die Geschichte der Vorbereitung des Schutzzolltarifes von 1879 bietet sich demjenigen, der sie aus einem Studium der Sitzungsprotokolle des Deutschen Reichstages rekonstruieren will, zunächst als eine Aneinanderreihung von Niederlagen jener Kreise dar, die an möglichst hohen Schutzzöllen interessiert waren. Eine genauere Untersuchung zeigt jedoch, daß sich hinter dieser oberflächlichen Erscheinung Vorgänge abspielen, die verstehen lassen, warum zum Ausgang des Jahres 1878 die ehemals freihändlerische Mehrheit des Reichstages einer schutzzöllnerischen Majorität weichen mußte. Die Jahre von 1873 bis 1878/79 werden in dieser Beziehung charakterisiert durch

1. die sich immer mehr ausbreitende, mit allen Mitteln der Demagogie geführte Agitation der schutzzöllnerisch orientierten Großbourgeoisie und ihre organisatorische Zusammenfassung in Unternehmerverbänden;
2. den Übergang der Junker von extremen Freihändlern zu Hochschutzzöllnern und die Bildung von Organisationen zum Zwecke der Durchsetzung ihrer Forderungen;

[28] In diesem Abschnitt wurde noch mehr als in dem vorhergehenden auf die Darlegung eigener Forschungsergebnisse verzichtet. Aufgenommen wurden nur solche Bemerkungen, die im Zusammenhang mit den nachfolgenden Untersuchungen notwendig erschienen. Es war außerdem zu berücksichtigen, daß während der Arbeit an der Dissertation ein umfangreicher Artikel von *L. Rathmann* in der „Zeitschrift für Geschichtwissenschaft“ erschien, der auf speziellem Aktenstudium beruht. Eine breite Behandlung des in der Überschrift zu diesem Abschnitt genannten Themas wäre deshalb in vielem einer Wiederholung gleichgekommen.
Siehe *Rathmann, L.*, Bismarck und der Übergang Deutschlands zur Schutzzollpolitik (1873/75–1879). In: „Zeitschrift für Geschichtswissenschaft“, Jahrgang 1956, Heft 5, S. 899–949.

3. die allmähliche Annäherung beider Gruppen bis zum Sieg der „in den Schutzzöllen besiegelte(n) Allianz von Großgrundbesitz und industriellem Kapital..." [29];
4. die direkte Einbeziehung des Staatsapparates in die Auseinandersetzung um die Fragen der Wirtschaftspolitik, insbesondere die enge Zusammenarbeit Bismarcks mit den reaktionärsten Vertretern der Junker;
5. das Liebeswerben der Eisenindustriellen bei Bismarck und dem deutschen Kaiser und deren Einbeziehung in den Kreis der Schutzzöllner;
6. den gemeinsamen Kampf beider Fraktionen von Ausbeutern gegen die deutsche Sozialdemokratie zum Zwecke der ungehinderten Erfüllung der reaktionären Schutzzollforderungen.

Das Ergebnis der meistens mit großer Heftigkeit geführten Auseinandersetzungen zwischen den verschiedenen Gruppierungen innerhalb der herrschenden Klassen, vor allem aber des Kampfes gegen die deutsche Sozialdemokratie war das Zolltarifgesetz vom 15. Juli 1879.

Der neue Zolltarif erhielt Geltung durch das Reichsgesetz vom 15. 7. 1879, „betreffend den Zolltarif des deutschen Zollgebiets und den Ertrag der Zölle und der Tabaksteuer". Er trat im allgemeinen mit Wirkung vom 1. 1. 1880 in Kraft. Nach § 1, Ziffer 1 und 2 mußten die Zölle für einige Waren sofort erhoben werden bzw. bekamen bereits Gültigkeit vom 1. 10. 1879 ab.[30] Schon am 30. 5. 1879 war ein Gesetz erlassen worden, das den Reichskanzler ermächtigte, die Eingangszölle bestimmter Waren – u. a. bei Roheisen – vorläufig in der Höhe zu erheben, welche der Reichstag bei der zweiten Lesung des Zolltarifgesetzes genehmigt hatte oder noch genehmigen würde. Danach wurde Roheisen vom 1. 6. 1879 ab mit einem Eingangszoll von 1 Mark pro 100 kg belegt (Die Übersicht über die durch diese Gesetze und Verordnungen in Kraft getretenen Eingangszölle auf Eisen und Eisenwaren findet sich im Anhang, Anlage II).

Einige kritische Bemerkungen sollen die wichtigsten Teile dieses Gesetzes in bezug auf Eisen und Eisenwaren beleuchten.

a) Der Zoll auf Roheisen. Die deutsche Eisenindustrie war in stärkstem Maße exportorientiert. Zur Deckung des Bedarfs der eisenverarbeitenden Werke mußte aber Roheisen importiert werden (Siehe die Tabellen im Anhang, Anlage III). Darum lag es im Interesse der deutschen Stahl- und Walzwerke, der Gießereien usw. Roheisen in ausreichender Menge und zu möglichst niedrigen Preisen zu beziehen. Vergleicht man die in den Jahren 1876 bis 1879 in England (bzw. Schottland) fixierten Roheisenpreise mit dem deutschen Roheisenzoll von 1 Mark pro 100 kg, so zeigt sich, daß der Zoll im Durchschnitt 19 % des Durchschnitts-

[29] *Engels, F.*, Zur Wohnungsfrage, 1948, S. 45.

[30] Siehe zu diesen und den folgenden Angaben: *Matlekovits, A.*, Die Zollpolitik der oesterreichisch-ungarischen Monarchie und des Deutschen Reiches seit 1868 und deren nächste Zukunft. 1891, S. 217–219.

preises für schottisches Roheisen betrug,[31] 8 % für Cleveland-Eisen[32] und — nach den Berechnungen Serings[33] — für Middlesborough Nr. 1 rund 17 %. Trotz aller Ungenauigkeiten der Zahlen, die darin liegen, daß die Roheisenpreise von Monat zu Monat sehr stark schwankten, wird deutlich, in welchem Maße der deutsche Roheisenzoll die Einfuhr englischen Roheisens verteuerte[34]. Unter Berücksichtigung der Entwicklung von Produktion, Einfuhr und Ausfuhr des Roheisens sowohl vor 1879 als auch nach Einführung des Schutzzolls gelangt man zu dem Schluß, daß die Verteuerung der Roheisenpreise auf dem nationalen Markt der einzige Zweck und zum Teil auch das Ergebnis dieses Hochschutzzolls war.

b) Die Zölle auf die in den Positionen 6b bis 6d des Zolltarifs erfaßten Produkte der Schweiß- und Flußeisenwerke machen im Durchschnitt 15 bis 20 %, bei Schienen sogar 25 % des Wertes aus. Da bei diesen Erzeugnissen von keiner nennenswerten Konkurrenz des Auslandes gesprochen werden kann und in dem speziellen Fall des Zollschutzes für die Schienenindustrie die Vergangenheit bewiesen hatte, daß Reichsregierung und Länderregierung in Deutschland die deutschen schienenproduzierenden Werke bei der Vergebung von Aufträgen immer bevorzugten — selbst dann, wenn die Angebote der einheimischen Werke höhere Preise vorsahen als die ausländischen — konnten auch diese Zölle nur den Zweck haben, den Kapitalisten dieser Industriezweige Extraprofite zu verheißen.

c) Die Zölle auf Eisenwaren (Position 6 e des Zolltarifs) entsprechen im großen und ganzen ebenfalls nicht den handelspolitischen Forderungen, die sich normalerweise aus einem Vergleich von Produktion, Ausfuhr und Einfuhr ergeben müßten; das heißt, auch die Eisenwaren bedurften keines Zollschutzes. Hier zeigt sich aber ganz deutlich die durch den Zoll auf Roheisen ausgelöste Kettenreaktion in der „Austeilung" von Schutzzöllen. Die Zölle auf Roheisen und Halbfabrikate erschweren natürlich jenen Zweigen der Eisenindustrie, die auf die Verarbeitung der so künstlich verteuerten Ausgangsstoffe angewiesen sind, die Konkurrenzfähigkeit. Darum mußte es im Interesse der sonst gar nicht auf Schutzzölle erpichten Fabrikanten liegen, ebenfalls den Zollschutz zugesichert zu bekommen.
Sering faßte die Ergebnisse seiner Untersuchungen in bezug auf die Schutzzollfrage in der Eisenindustrie wie folgt zusammen. „Abschaffung des Zolls auf Roheisen, Materialeisen mit Ausnahme des Weißblechs und auf Maschinen, hingegen Fortdauer eines mäßigen Schutzes für die Eisenwarenindustrie. . . Wir sind

[31] Siehe *Neumann, B.*, Die Metalle, 1904, S. 67.
[32] Ebenda.
[33] *Sering, M.*, a. a. O., S. 244.
[34] In überzeugender Weise wird von *Sering*, a. a. O., S. 243—250, nachgewiesen, daß dieser Zoll in bezug auf die Produktion von Puddeleisen und Flußeisen vollkommen unsinnig war, weil die Erfindung von Thomas/Gilchrist Deutschland von der Einfuhr englischen Eisens für diese Zwecke unabhängig machte und daß andererseits Gießereiroheisen auch in Zukunft (Sering schreibt das Buch 1882) von Deutschland eingeführt werden mußte. Er hat recht behalten.

zu dieser unserer Ansicht nicht etwa aus allgemeinen theoretischen Gründen gelangt, sondern aus der genauen Prüfung des Verhältnisses der ausländischen Konkurrenz zur einheimischen Produktion, wie es sich zur Zeit des niedrigen Zollschutzes und der völligen Zollfreiheit entwickelt hat und ferner aus der einfachen Erwägung, daß eine staatliche Begünstigung, welche wie jeder Schutzzoll zugleich die Schädigung von anderen Mitgliedern der staatlichen und wirtschaftlichen Gemeinschaft in sich schließt, nur solange Berechtigung hat, als er dazu dient, der Bevölkerung eine in ihrer Existenz gefährdete wichtige Arbeits- und Nahrungsquelle zu erhalten, hingegen aufhören muß, wenn jede Gefahr als beseitigt anzusehen ist." [35]

Und ganz im Sinne der Bemerkung von Engels, wonach die deutsche Eisenindustrie vor allem auf den Export angewiesen ist und daher Freihandel das Gebot sei, fährt Sering fort: „Auf diesen Export aber ist jetzt auch die deutsche Eisenindustrie geradezu angewiesen, sie produziert weit über den einheimischen Bedarf hinaus, und daher muß unsere Handelspolitik fortdauernd darauf gerichtet sein, die fremden Märkte unseren Waren zu öffnen." [36]

So sorgfältig Sering in seinen Untersuchungen verfährt, so naiv und gutgläubig, aber auch in bourgeoisem Denken befangen ist er, wenn er abschließend bemerkt, daß „mit dem jetzigen Aufblühen der Industrie und des Handels von Neuem eine geistige Strömung in Europa Platz greifen muß, welche der Erleichterung des gegenseitigen Verkehrs und der Annäherung der Nationen förderlich sein wird". Diese Erwartung hat sich nicht erfüllt, genauso wenig wie die Hoffnung Serings, „daß ihre (die Schutzzölle R. S.) Aufhebung jemals im Interesse der nationalen Wohlfahrt als unaufschiebbar erscheinen könnte".[37]

In bezug auf die Eisenzölle hat sich bis zum Jahre 1892 keine Wendung vollzogen. Mit Ausnahme ganz geringer, für die Behandlung dieses Themas vollkommen unwichtiger Veränderungen der Zollsätze bei 2 Positionen sind die Schutzzölle in der im Jahre 1879 beschlossenen Höhe beibehalten worden.

3. *Die Stellung des Proletariats zu den Zöllen als Instrumenten kapitalistischer Wirtschaftspolitik*

Der Begriff „Schutzzoll" ist nicht wie die Termini Ware, Wert, Geld, Kapital usw. identisch mit einer Kategorie der Politischen Ökonomie, sondern bezeichnet eine wirtschaftspolitische Maßnahme. Er ist also keine Abstraktion objektiver, unabhängig vom Willen der Menschen sich vollziehender Prozesse. Der Inhalt dieses Begriffes wandelt sich entsprechend dem niederen oder höheren Reifegrad des Kapitalismus. Die Beurteilung des Charakters des Schutzzolls, seiner Aufgaben und der mit ihm zu verfolgenden Ziele ist daher nur möglich bei vorheriger Klärung des Entwicklungsstandes eines kapitalistischen Landes und der Verhältnisse anderer Staaten, die dieses Land in verschiedener Hinsicht beeinflussen.

[35] *Sering, M.*, a. a. O., S. 254. [36] *Sering, M.*, a. a. O., S. 258. [37] Ebenda.

Die Frage: Schutzzoll oder Freihandel wird in der Praxis jedoch nicht nur entschieden auf Grund dieser wirtschaftlichen Gegebenheiten, sondern ihre Beantwortung ist in mehr oder minder starkem Maße abhängig von den Klassenverhältnissen. Wenn Preußen-Deutschland bis zur Einführung des Schutzzolltarifs eine im wesentlichen freihändlerisch orientierte Handelspolitik betrieb, dann war das vor allem dem ökonomischen Interesse der preußischen Junker geschuldet, die den preußischen Staat regierten. Als sich im Jahre 1879 ein vollständiger Wandel in der deutschen Zollpolitik vollzog, war das begründet sowohl durch die Forderungen der Junker, die sich einer Gefährdung ihrer Getreide-Absatzmärkte gegenübersahen, als auch durch die Ansprüche des reaktionärsten Teiles der deutschen Großbourgeoisie, der Eisen-, Stahl- und eines Teiles der Textilindustriellen, denen die Krise arg zugesetzt hatte. Der Schutzzolltarif von 1879 erfüllte die Wünsche beider und war doch ein Kompromiß. Eine Zwischenlösung deshalb, weil die Großindustriellen nur unter der Bedingung Schutzzölle zugesichert bekamen, wenn sie andererseits den Junkern Lebensmittelzölle zubilligten.

Welche Stellung hat das Proletariat zu diesen Fragen einzunehmen? Verhält es sich gleichgültig zu solchen handelspolitischen Problemen, die in sich die Widersprüchlichkeit der kapitalistischen Klasseninteressen offenbaren? Soll es in den Streit eingreifen, den die verschiedenen Fraktionen der Bourgeoisie miteinander oder gemeinsam gegen die Junker führen? Um mit Engels zu fragen: „... was gewinnt diese (die arbeitende Klasse. R. S.) durch Einführung des Schutzsystems? Wird sie deshalb mehr Lohn erhalten, sich besser nähren und kleiden, gesünder wohnen, etwas mehr Zeit zur Erholung und Bildung, einige Mittel zur vernünftigeren sorgsameren Erziehung ihrer Kinder erübrigen können?“ [38]

Marx und Engels haben darauf eine klare Antwort gegeben. Am 9. Januar 1848 hielt Marx in der „Association democratique“ zu Brüssel eine „Rede über die Frage des Freihandels“. Er erwähnte darin u. a. den Zwischenruf eines englischen Arbeiters anläßlich eines Meetings der Freihändler: „Wenn die Grundbesitzer unsere Knochen verkauften, so würdet ihr Fabrikanten die ersten sein, sie zu kaufen, um sie in eine Dampfmühle zu werfen und Mehl daraus zu machen.“ [39]

Diesen Satz kommentierend sagt Marx: „Die englischen Arbeiter haben die Bedeutung des Kampfes zwischen den Grundbesitzern und den Kapitalisten sehr gut begriffen. Sie wissen sehr wohl, daß man den Preis des Brotes herunterdrücken wollte, um den Lohn herabzudrücken, und daß der Kapitalprofit um so viel steigen würde, wie die Rente fiele.“ [40]

Diese Worte beziehen sich auf die in den 40er Jahren des 19. Jahrhunderts in England von der Bourgeoisie forcierte Kampagne für den Fall der corn-laws. Bürgerliche Agitatoren wie Bright und Cobden, die Führer der Anti-Korngesetz-

[38] *Engels, F.*, Schutzzoll oder Freihandels-System. In: *Marx/Engels* „Werke“, Dietz Verlag, 1959, Bd. IV, S. 59.

[39] *Marx, K.*, Rede über die Frage des Freihandels. In: *Marx/Engels*, „Kleine ökonomische Schriften“. Dietz Verlag, 1955, S. 512.

[40] Ebenda.

Liga, suchten die Arbeiterklasse für ihre Ziele zu gewinnen, wollten ihnen weismachen, daß die Aufhebung der Korngesetze sich zum Wohle der Arbeiter auswirken würde. Doch weit gefehlt! Die Arbeiter ließen sich nicht vor den Karren der Bourgeoisie spannen, sie wußten, daß die Liga der Freihändler nicht die Interessen der Arbeiter vertrat. Es erschien ihnen zumindest eigenartig, daß die hitzigsten Kämpfer gegen die Zehnstundenbill plötzlich soviel Menschenfreundlichkeit gegenüber den Arbeitern zeigten.

Und dennoch: Die englischen Arbeiter ergriffen in dem Kampf der Freihändler gegen die schutzzöllnerischen Grundbesitzer Partei zugunsten der Bourgeoisie, „um die letzten Reste des Feudalismus zu zerstören und nur noch mit einem einzigen Feind zu tun zu haben“.[41] Sie taten das in der richtigen Erkenntnis, daß das erste Opfer des Freihandelssystems das englische Großgrundeigentum sein mußte.

Vor die gleiche Entscheidung: Schutzzoll oder Freihandel? wurde auch die deutsche Arbeiterklasse gestellt. Nur waren die Bedingungen ganz andere, die letztlich die objektive Grundlage für die Beurteilung dieser Frage gaben. Die Formen des Kampfes allerdings ähnelten sich in vielem. In England wie in Deutschland erschien eine Flut von Broschüren, hier wie dort wurden „meetings“ und Versammlungen abgehalten, prasselten die Schlagworte auf das Volk nieder. Wollte man in England die Arbeiter mit „billigem Brot“ ködern, so in Deutschland mit der Phrase vom „Schutz der nationalen Arbeit“.

Aber die Führung der deutschen Sozialdemokratie bezog in dieser Frage keine einheitliche Stellung und konnte deshalb den Arbeitern auch keine klare Orientierung geben. Es bedurfte erst des energischen Eingreifens von Friedrich Engels, um Klarheit über diese Fragen in den Köpfen einiger Mitglieder der Reichstagsfraktion der SPD zu schaffen — und selbst das reichte nicht, um Bebel von dessen in gewissem Sinne versöhnlerischem Verhalten zu überzeugen.[42] In einem Brief von Engels an Bebel heißt es: „Die Fragen, in denen sozialdemokratische Abgeordnete aus der reinen Negation heraus treten können, sind sehr eng begrenzt. Es sind alles Fragen, in denen das Verhältnis der Arbeiter zum Kapitalisten direkt ins Spiel kommt: Fabrikgesetzgebung, Normalarbeitstag . . . usw. In allen anderen ökonomischen Fragen wie Schutzzölle . . . werden sozialdemokratische Abgeordnete immer den entscheidenden Gesichtspunkt behaupten müssen, nichts zu bewilligen, was die Macht der Regierung gegenüber dem Volke verstärkt.“ [43]

Neun Jahre später nimmt Engels noch einmal grundsätzlich zu der Frage Stellung, wie sich das Proletariat in Dingen der Handelspolitik zu verhalten habe. Diesmal wendet er sich an die amerikanischen Arbeiter: „Die Frage über Freihandel und Zollschutz bewegt sich gänzlich innerhalb der Grenzen des heutigen Systems der kapitalistischen Produktion und hat deshalb kein Interesse für Sozialisten, die

[41] *Marx/Engels*, a. a. O., S. 514.

[42] Siehe den Briefwechsel zwischen Engels und Bebel, abgedruckt in *Bebel, A.*, Aus meinem Leben. 1946, Dritter Teil.

[43] a. a. O., S. 71/72.

die Beseitigung dieses Systems verlangen. Sie interessiert sie aber indirekt soweit, als sie dem jetzigen Produktionssystem eine möglichst freie Entfaltung und möglichst rasche Ausdehnung wünschen müssen; denn damit wird es auch seine notwendigen ökonomischen Folgen entfalten: ... kurz, Verrennung der Gesellschaft in eine Sackgasse, aus der kein Entkommen möglich ist außer durch eine vollständige Umgestaltung der der Gesellschaft zugrunde liegenden ökonomischen Struktur." [44]

Aus diesen – und später noch näher zu bestimmenden – Gründen mußte sich das deutsche Proletariat und seine Partei, die SPD, für den Freihandel aussprechen bei gleichzeitiger Betonung, daß in der Konsequenz weder Freihandel noch Schutzzoll geeignete Mittel sind, die Forderungen des Proletariats durchzusetzen. Wenn Engels von den sozialdemokratischen Abgeordneten fordert, „nichts zu bewilligen, was die Macht der Regierung gegenüber dem Volke verstärkt", dann tut er das in der Erkenntnis, daß die Schutzzöllnerei ihr Pendant finden muß in dem Kampf der herrschenden Klassen gegen das Proletariat und seine Partei. Nicht umsonst fielen der Erlaß des „Gesetzes zur Bekämpfung der gemeingefährlichen Bestrebungen der Sozialdemokratie" zusammen mit der Verabschiedung des Schutzzolltarifs. Diese Gedanken machte sich auch Hilferding zu eigen – zu einer Zeit, da er noch Marxist war. „Und gleichzeitig erhöht die Organisation des Kapitals in den Kartellen, deren Bestand der Schutzzoll sichert, die Macht des Kapitals in den wirtschaftlichen Kämpfen, macht Errungenschaften der Gewerkschaften stets schwieriger, ja stellt selbst das bisher Errungene direkt in Frage, das ohnehin durch die Erhöhung der Preise zum größten Teil wegeskamotiert wird." [45]

Auch Kautsky verteidigte zu dieser Zeit den marxistischen Standpunkt. Er schrieb: „Die prinzipielle Haltung der Sozialdemokratie gegenüber der Handelspolitik ist also vorgezeichnet. Sie ist nicht freihändlerisch in dem Sinne, wie es die bürgerlichen Freihändler vor einem Menschenalter waren... Der Freihandel ist ihr auch nicht der Weisheit letzter Schluß; er setzt ebenso wie der Schutzzoll die kapitalistische Produktionsweise voraus, die zu bekämpfen und zu überwinden ihre große historische Aufgabe ist. Aber der Schutzzoll ist heute ein Mittel geworden, die ausbeutenden Tendenzen des kapitalistischen Systems auf die Spitze zu treiben über das Maß hinaus, das sie bei freier Konkurrenz ... erreichen würden." [46]

Selbst bürgerliche Nationalökonomen wie Dietzel können nicht leugnen, daß mit dem Entstehen monopolistischer Organisationen, die eben zum Teil durch die Schutzzölle bedingt waren, die Klassengegensätze sich notwendig verschärfen müssen.[47]

[44] *Marx/Engels*, Kleine ökonomische Schriften. S. 586.

[45] *Hilferding, R.*, Der Funktionswechsel des Schutzzolls. In: „Die Neue Zeit", Jahrgang 1903, 2. Bd., S. 280.

[46] *Kautsky, K.*, Handelspolitik und Sozialdemokratie. 1901, S. 67/70.

[47] Vergleiche hierzu: *Dietzel*, Sozialpolitik und Handelspolitik. 1902, S. 22.

Wir können zusammenfassend feststellen: Bei der Auseinandersetzung um die Frage: Schutzzoll oder Freihandel ergreift das Proletariat weder für den bürgerlichen Freihandel noch für den Schutzzoll als einer wirtschaftspolitischen Maßnahme des kapitalistischen Staates Partei. Es ist sich darüber im klaren, daß es sich bei diesem Problem immer nur um eine so oder so geartete Variante kapitalistischer und imperialistischer Wirtschaftspolitik handelt. Seine Aufgabe besteht letztlich nicht darin, diese oder jene Fraktion seiner Klassengegner zu unterstützen oder zu bekämpfen. Der Sturz des Kapitalismus ist sein Ziel. Doch genauso wenig wie es der Bernstein'schen Phrase huldigt: Das Ziel ist nichts, die Bewegung ist alles, erhebt es die Umkehrung dieses Satzes zu seiner Forderung. Weil und indem sich die Arbeiterklasse den Sturz des Kapitalismus und den Aufbau einer neuen Gesellschaftsordnung zum Ziel setzt, muß sie darauf bedacht sein, in einer gegebenen Etappe ihres Kampfes alles zu tun, was als Vorbereitung und Erleichterung des schließlichen Sieges dienen kann; alles zu unterlassen, was die Macht des Gegners verstärkt. Beim Übergang zum Imperialismus mußte aber eine Förderung des Schutzzolls notwendig zu einer Stärkung der Macht jener Klasse führen, die das Proletariat zu überwinden hat. Für Schutzzölle zu stimmen hieß für die Monopole zu stimmen, hieß den Kapitalisten der Schwerindustrie Unterstützung zu geben und damit dem Militarismus Vorschub zu leisten. Darum hatte sich das Proletariat für den Freihandel zu entscheiden.

KAPITEL II

DIE WECHSELWIRKUNG ZWISCHEN SCHUTZZÖLLEN UND MONOPOLEN

Es wurde bereits in der Einleitung darauf verwiesen, daß es in der wirtschaftswissenschaftlichen und speziell-historischen Literatur wenig Arbeiten gibt, die den Zusammenhang zwischen Schutzzöllen und Monopolen bzw. die wechselseitige Wirkung beider untersuchen, geschweige denn erschöpfend behandeln. Überschaut man das Vorhandene – was die bürgerliche Literatur anbetrifft – in bezug auf den Kern der Antwort, so lassen sich zwei Richtungen feststellen.[1] Die eine glaubt, in den Schutzzöllen die „Mutter der Kartelle" erblicken zu müssen, die andere beschränkt sie in ihrer Funktion auf die von „Paten",[2] die es sich angelegen sein lassen, die „Eltern" bei ihrem Bemühen zu unterstützen, Monopole zu bilden.

Karl Marx dagegen hat in seiner Lehre von der Konzentration und Zentralisation der Produktion und des Kapitals exakt nachgewiesen, daß die Bildung von Monopolen letztlich der Wirkung objektiver ökonomischer Gesetze entspringt. Damit ist jedoch nicht gesagt, daß solche Faktoren wie Schutzzölle, Eisenbahnfrachttarife u. dgl. den objektiven Prozeß der Monopolisierung nicht in irgendeiner Art und Weise beeinflussen können. Es kann sich deshalb bei dem Versuch, den Zusammenhang zwischen Schutzzöllen und Monopolen – zunächst theoretisch – zu erklären, immer nur darum handeln, nachzuweisen, ob und in welchem Maße die vorgenannten wirtschaftspolitischen Momente beschleunigend auf den Konzentrations- und Zentralisationsprozeß einwirken können.[3]

[1] Siehe hierzu *Wolfers, A.*, Das Kartellproblem im Lichte der deutschen Kartelliteratur. 1931, S. 41, 118 u. 122; *Pohle, L.*, Die Kartelle der gewerblichen Unternehmer. 1898, S. 2–4, 66–127; *Kuczynski, J.*, Studien zur Geschichte des deutschen Imperialismus. Bd. I, Monopole und Unternehmerverbände. 1952, S. 65ff.

[2] *Pohle, L.*, a. a. O., S. 67/68; *Schoenlank, B.*, Die Kartelle. In: Brauns Archiv für soziale Gesetzgebung und Statistik. 1890, S. 494, u. a.

[3] Darum mußte sich die Meinung vieler liberaler Politiker und Ökonomen, die Kartelle könne man „abschaffen", wenn man ihnen ihre Grundlage, den Schutzzoll, entziehe, als ein folgenschwerer Irrtum erweisen. Siehe *Schoenlank, B.*, a. a. O., S. 496.

Bevor wir uns einer genaueren Untersuchung dieses Problems zuwenden, erscheint es angebracht, die sich verstreut findenden Bemerkungen der Klassiker des Marxismus-Leninismus systematisch zusammenzustellen, weil sie wertvolle Anregungen enthalten, die zur Lösung der im Thema gestellten Aufgabe beitragen.

Friedrich Engels hat sich wiederholt zu der Frage: Schutzzoll-Monopol geäußert. In seiner Vorrede zur amerikanischen Ausgabe von Marx' „Rede über die Frage des Freihandels" sagt er: „1878 wurde ein hoher Schutztarif eingeführt... Die Folge war, daß seitdem die Ausfuhr deutscher Industrieprodukte geradezu aus der Tasche des heimischen Konsumenten bezahlt wird. Wo nur immer möglich, bildeten die Fabrikanten Kartelle zur Regulierung des Ausfuhrhandels und der Produktion selbst." [4]

Nach einem Hinweis auf die Kartelle in der Eisenproduktion und der Kohlengruben fährt er fort: „Überhaupt, jeder deutsche Fabrikant sagt euch, daß der einzige Zweck der Schutzzölle ist, ihm zu erlauben, daß er sich im inneren Markt erholt von den Schleuderpreisen, die er im Ausland zu nehmen hat." [5]

Es muß hinzugefügt werden, daß diese „Erholung" nur dann gewährleistet ist, wenn der nationale Markt wenigstens teilweise monopolistisch beherrscht wird. Denn bei der Produktionsfähigkeit und dem damit verbundenen Konkurrenzkampf der deutschen Eisenindustrie, die nach Engels' Worten das 3- bis 4fache dessen produzieren konnte, was der deutsche Markt abnahm, wäre es durchaus möglich gewesen, daß der durch den Schutzzoll an und für sich garantierte Extraprofit im Ergebnis des heftigen Konkurrenzkampfes eliminiert worden wäre.

In dem gleichen, 1888 geschriebenen Vorwort greift Engels das Problem Schutzzoll-Monopole noch einmal von einer anderen Seite auf und schreibt, daß man dem Schutzzoll dann den Abschied geben müsse, wenn sich in durch ihn geschützten Industriezweigen Kartelle bildeten. Das sei das sicherste Anzeichen dafür, daß er seine Aufgabe erfüllt habe. Denn im Falle des Bestehens von Kartellen gehe es nicht mehr darum, den heimischen Fabrikanten gegen den fremden Importeur zu schützen, sondern jetzt werde der Zoll ausgenützt, um den Konsumenten der eigenen Nation – in dem Falle der Eisenindustrie den Weiterverarbeiter – zu schädigen.[6]

Und noch unter einem dritten Gesichtspunkt betrachtet Engels Schutzzölle und Monopole, wenn er in verschiedenen Anmerkungen zum III. Band des „Kapital" davon spricht, daß der zur Lösung drängende Widerspruch zwischen den „rasch und riesig anschwellenden modernen Produktivkräfte(n)" und den „Gesetzen des kapitalistischen Warenaustausches" [7] sich handgreiflich in zwei Tatsachen offenbare: „Erstens in der neuen allgemeinen Schutzzollmanie, die sich von der alten Schutzzöllnerei besonders dadurch unterscheidet, daß sie gerade die exportfähigen Artikel am meisten schützt. Zweitens in den Kartellen (Trusts) der Fabrikanten ganzer großer Produktionssphären zur Regulierung der Produktion und

[4] *Engels, F.*, In: *Marx/Engels*, „Kleine ökonomische Schriften". Dietz-Verlag, 1955, S. 580.
[5] Ebenda. [6] *Engels, F.*, a. a. O., S. 583.
[7] *Engels, F.*, In: „Das Kapital". III. Band, Dietz-Verlag, 1951, S. 142, Anmerkung 16.

damit der Preise und Profite... Inzwischen haben diese Kartelle nur den Zweck, dafür zu sorgen, daß die Kleinen noch rascher von den Großen verspeist werden als bisher.“ [8]

Im Jahre 1879 richtete Engels im Zusammenhang mit der Haltung der Reichstagsfraktion der deutschen Sozialdemokratie anläßlich der Debatten über das Schutzzollgesetz verschiedene Briefe an August Bebel, in denen sich Engels in einer außergewöhnlich scharfen Art gegen die Rede Kaysers wandte, die dieser als Sprecher der SPD-Fraktion im Reichstag gehalten hatte.

In dem Brief vom 24. 11. 1879 heißt es: „Waren seine (Kaysers. R. S.) Studien einen Pfennig wert, so mußten sie ihn lehren ... daß die Eisenfabrikanten selbst den Schutzzoll nur wünschen können, wenn sie sich zu einem Ring, einer Verschwörung zusammengetan haben, die dem inneren Markte Monopolpreise aufzwingt, um dagegen die überschüssigen Produkte auswärts zu Schleuderpreisen loszuschlagen, wie sie dies im Augenblick bereits tatsächlich tun.“ [9]

Hier spricht es Engels klar aus, daß die Schutzzölle den Eisenindustriellen nur dann Vorteile bringen konnten, wenn die Möglichkeit zur Kartellierung gegeben war und damit die Gewähr – wie oben ausgeführt – auf dem inneren Markt so hohe Preise zu nehmen, daß das Dumping auf dem Weltmarkt verschmerzt werden konnte.

Daß auch Lenin dem Zusammenhang zwischen Schutzzöllen und Monopolen Bedeutung beimaß, erfahren wir sowohl aus seinem Werk „Der Imperialismus als höchstes Stadium des Kapitalismus“ wie auch aus den „Heften zum Imperialismus“, die in vielem aufschlußreicher als die zusammenfassende Arbeit sind. Wir wissen heute, daß Lenin ursprünglich die Absicht hatte, seinem „Imperialismus ...“ einen bedeutend größeren Umfang zu geben. Die Rücksichtnahme auf die zaristische Zensur und die Anweisung des Verlages, nicht über fünf Druckbogen hinauszugehen, zwangen ihn aber, sich in der Verwendung und Auswertung des riesigen Faktenmaterials größte Beschränkung aufzuerlegen. Darum suchen wir hin und wieder vergebens nach einer ausführlichen Darstellung solcher Erscheinungen und Kategorien, die in den „Heften ...“ in diesem oder jenem Zusammenhang erwähnt sind und von denen man auf Grund der Randbemerkungen Lenins und anderer Hinweise annehmen darf, daß sie im Falle einer ausführlichen und breiteren Darlegung der mit dem Übergang zum Imperialismus zusammenhängenden Probleme eine gründliche Behandlung erfahren hätten. So lesen wir z. B. unter der Überschrift „Bestandteile des Begriffs ‚Imperialismus‘“ bei Punkt 6 VI: „Ablösung des freien Handels und des friedlichen Verkehrs durch eine Politik der Gewalt (Zölle, Eroberungen etc.).“ [10] Die beste und genaueste Darstellung von den Absichten Lenins erhalten wir, wenn wir den im Heft γ niedergelegten „Plan zu dem Buch ‚Der Imperialismus als höchstes Sta-

[8] Ebenda. Siehe auch die Anmerkungen auf den Seiten 478, 479 und 534.

[9] *Engels, F.*, Brief an Bebel. In: *Bebel, A.*, „Aus meinem Leben“. Dritter Teil, hrsg. von Kautsky. Neuauflage: Verlag JHW Dietz-Nachf. 1946, S. 71–73.

[10] *Lenin, W. I.*, Hefte zum Imperialismus. Dietz Verlag, 1957, S. 176.

dium des Kapitalismus'" aufmerksam betrachten. Dort findet man unter Punkt 16 „,Die ökonomische Politik des Finanzkapitals' und *Kritik des Imperialismus?*" die Bemerkung „Neue Bedeutung der Schutzzölle. *Engels* bei Hilferding".[11] Hier begegnen uns auch solche Begriffe wie „Dumping", „Protektionismus" und „Gewalt", deren Bedeutung im Imperialismus eine immer größere wird. In den „Pläne(n) für einzelne Kapitel des Buches" erscheint als Unterabschnitt noch einmal das Thema „Freie Konkurrenz versus Zölle, Dumping etc.",[12] wie schließlich im „Gesamtplan und Varianten für die Kapiteleinteilung des Buches" unter D. 16–17 der Begriff „Wirtschaftspolitik (Zollpolitik)" [13] zu finden ist.

In den Exzerpten zu Hilferdings „Finanzkapital" heißt es u. a.: „Engels über Schutzzölle *neuen Typus* und über Kartelle" [14] und wenig später folgt, durch dreifache Strichelung am Rande hervorgehoben, die Wiedergabe der wichtigen Erkenntnis Hilferdings: „Die Politik des Finanzkapitals verfolgt somit drei Ziele: erstens Herstellung eines möglichst großen Wirtschaftsgebietes, das zweitens durch Schutzzollmauern gegen die ausländische Konkurrenz abgeschlossen und damit drittens zum Exploitationsgebiet der nationalen monopolistischen Vereinigungen wird." [15] Man darf gewiß annehmen, daß sich Lenin mit dieser Einschätzung Hilferdings einverstanden erklärt hat. Die Annahme wird zur Gewißheit, wenn wir von den „Heften . . ." zum ökonomischen Hauptwerk Lenins „Der Imperialismus als höchstes Stadium des Kapitalismus" übergehen. Er schreibt dort: „Es sei bemerkt, daß er (der bürgerliche Ökonom Heymann. R. S.) Deutschland in Anbetracht der hohen Industrieschutzzölle eine gewisse Sonderstellung einräumt. Aber dieser Umstand konnte die Konzentration und die Bildung von monopolistischen Unternehmerverbänden, Kartellen, Syndikaten usw. nur beschleunigen." [16]

An anderer Stelle spricht er davon, daß „die ersten Schritte auf dem Wege der Kartellierung zuerst von Ländern mit hohen Schutzzöllen (Deutschland, Amerika) getan wurden",[17] weist jedoch darauf hin – um den objektiven Prozeß der Konzentration und Zentralisation hervorzuheben – daß das freihändlerische England wenig später ebenfalls Monopole aufzuweisen hatte.

Schließlich erinnert Lenin daran, daß „die Kartelle zu Schutzzöllen neuer, origineller Art geführt" haben: „Es werden gerade diejenigen Produkte geschützt (das hat bereits Engels im Band III des ‚Kapitals' vermerkt), die exportfähig sind." [18] Hier wird die Wechselwirkung von Schutzzöllen und Monopolen unter dem Aspekt bereits bestehender Kartelle betrachtet, die ihrerseits den Anstoß zu neuen schutzzöllnerischen Maßnahmen des Staates geben. Weil der Schutzzoll den monopolistischen Organisationen nicht nur die Beherrschung des nationalen

[11] *Lenin, W. I.*, a. a. O., S. 213.
[12] *Lenin, W. I.*, a. a. O., S. 217.
[13] *Lenin, W. I.*, a. a. O., S. 218.
[14] *Lenin, W. I.*, a. a. O., S. 315.
[15] *Lenin, W. I.*, a. a. O., S. 316.
[16] *Lenin, W. I.*, Der Imperialismus als höchstes Stadium des Kapitalismus. In: „Ausgewählte Werke". Dietz Verlag, 1951, Bd. I, S. 778.
[17] *Lenin, W. I.*, a. a. O., S. 870.
[18] *Lenin, W. I.*, a. a. O., S. 862.

Marktes ermöglicht und meistens auch sichert, sondern ihnen auch eine Offensivwaffe in die Hand gibt, um auf den Außenmärkten vorzudringen, werden die Kartelle die Trommel rühren, um unter der Phrase des „Schutzes der nationalen Arbeit" die Regierung aufzufordern, ihnen Zölle zu gewähren.

Nun könnte man fragen, warum Lenin, da er sich doch die Aufgabe gestellt habe, eine Analyse des Imperialismus zu geben, nicht ausführlicher über die Wirkung des Zollschutzes im Hinblick auf die Entstehung von Monopolen geschrieben habe. Darauf ist zu erwidern, daß es Lenin nicht auf eine Analyse des Imperialismus in seiner konkreten „deutschen" oder „englischen" Prägung ankam, sondern daß er das Ziel verfolgte, die „Frage nach dem ökonomischen Wesen des Imperialismus" [19] zu beantworten. Deshalb konnte er weder ausführlich auf die Entstehungsgeschichte des Imperialismus eingehen, noch die besonderen Merkmale im einzelnen bestimmen, die den deutschen, amerikanischen, französischen oder englischen Imperialismus kennzeichnen. Aus diesem Grunde mußte er immer wieder betonen, daß der Übergang von der freien Konkurrenz zum Monopol letztlich nicht irgendwelchen sekundären Faktoren geschuldet ist, sondern dem objektiven ökonomischen Gesetz von der Konzentration und Zentralisation der Produktion und des Kapitals entspringt.

Zur Vervollständigung dieser einleitenden theoretischen Übersicht sei schließlich noch Kautsky zitiert, der sich des öfteren mit dem Problem Schutzzoll-Monopole befaßte und in verschiedenen Artikeln und Broschüren darüber schrieb.[20]

So heißt es in der von ihm auf dem Stuttgarter Parteitag der SPD im Jahre 1898 eingebrachten Resolution, die zugleich als Entgegnung und Zurechtweisung der revisionistischen, arbeiterfeindlichen Ansichten Schippels zu werten ist: „In Erwägung, ... daß der Schutzzoll bei entwickelter Großindustrie das wirksamste Mittel ist, die Bildung von Kartellen, Trusts und anderen festgeschlossenen Unternehmerverbänden zu fördern; ..." [21]

In seiner Erwiderung auf Schippels Referat spricht Kautsky davon, daß als eine der wichtigsten Ursachen für die Einführung des Schutzzolls im Jahre 1879 der in den 70er Jahren erfolgte Übergang zum Monopol anzusehen sei. Das aber hieß Kartellierung der Industrie, und die gehe am besten vonstatten auf dem Boden des Schutzzolls.[22]

Zur gleichen Einschätzung kommt Kautsky in dem im Jahre 1891 geschriebenen Artikel „Deutsche und amerikanische Zollpolitik", der sich in seinen Thesen eng an die Engels'sche Analyse der Zusammenhänge zwischen Schutzzöllen und Monopolen anlehnt.

[19] *Lenin, W. I.*, a. a. O., S. 768.

[20] Hier gilt, was Lenin über dessen Schrift „Sozialismus und Kolonialpolitik" sagte: „... diese Broschüre schrieb Kautsky in jenen unendlich fernen Zeiten, als er noch Marxist war". *Lenin, W. I.*, a. a. O., S. 856, Anmerkung.

[21] Protokoll über die Verhandlungen des Parteitages der Sozialdemokratischen Partei Deutschlands zu Stuttgart 1898, S. 67.

[22] a. a. O., S. 187.

Kautsky schreibt dort: „Dieselbe Kartellierung, zu der der Schutzzoll drängt, erleichtert er aber auch durch Ausschließung der auswärtigen Konkurrenz. Er vermindert die Zahl der Unternehmer, die sich zu verständigen haben und schafft für sie ein künstliches Monopol. So erzeugt der Schutzzoll von einer gewissen Stufe an die Atmosphäre, in der die Kartelle gedeihen." [23]

*

Im folgenden soll versucht werden, mit Hilfe der oben angeführten Hinweise darzulegen, wie unter den Bedingungen des Übergangs vom Kapitalismus der freien Konkurrenz zum Imperialismus Schutzzölle zur beschleunigten Herausbildung von Monopolen beitragen können.

Die erste und offensichtlich bezweckte Wirkung des Schutzzolls besteht darin, daß er die ausländische Konkurrenz vom Binnenmarkt ausschließt bzw. stark einschränkt und damit die Zahl der Kapitalisten verringert, die unter den Bedingungen des Freihandels auf einem gegebenen nationalen Markt konkurrieren würden.

Die fremden Exporteure vom nationalen Markt fernzuhalten wird jedoch nur dann gelingen, wenn der Schutzzoll in einer solchen Höhe festgesetzt wurde, daß es für den bisherigen Käufer im Inland gänzlich unrentabel wird, diese Waren hinfort aus dem Ausland zu beziehen. Aber selbst dann, wenn diese Bedingung erfüllt ist, kann es noch andere Hindernisse geben, die einer Beherrschung des einheimischen Marktes durch die Bourgeoisie des zollgeschützten Landes im Wege stehen. Erweist es sich nämlich, daß die Qualität ausländischer Waren – gleich welcher Art – weit besser ist als jene der einheimischen Fabrikate, dann wird sich trotz des Zolls der Bezug dieser Erzeugnisse aus dem Ausland unter Umständen weiterhin als notwendig erweisen. Es soll nun angenommen werden, daß alle Voraussetzungen für die Absperrung des nationalen Marktes gegeben sind. Dann wird die auf eine solche Art und Weise herbeigeführte Verminderung der um den Absatz ihrer Waren kämpfenden Unternehmer auch deren Zusammenschluß zu monopolistischen Verbänden, d. h. zunächst Kartellen, erleichtern, da es naturgemäß einfacher ist, die Interessen einer kleineren Gruppe auf einen gemeinsamen Nenner zu bringen, als die Wünsche vieler einheitlich zusammenzufassen.

Die Voraussetzungen für die Monopolisierung sind aber nicht in allen Industriezweigen die gleichen. Der Schutzzoll als Stimulator der Monopolbildung wird sich in dieser Funktion kaum auf solche Industrien auswirken können, die noch im Zeichen des Kleinbetriebs stehen, eine Vielzahl qualitativ unterschiedener Waren herstellen und vielleicht sogar noch durch das Bestehen hausindustrieller Produktionsstätten über den in dieser Beziehung schon sowieso weit gezogenen Rahmen der Leichtindustrie hinaus zersplittert sind. Das ist aber keine Besonderheit der Monopolisierung unter dem Einfluß der Schutzzölle, sondern gilt

[23] *Kautsky, K.*, Deutsche und amerikanische Zollpolitik. In: „Die Neue Zeit", 1891, 1. Band, S. 211.

allgemein für den Prozeß der Konzentration und Zentralisation der Produktion und des Kapitals: Die stärksten Monopole werden immer und zuerst in solchen Industriezweigen entstehen, die eine relativ geringe Zahl von Waren gleichförmiger Qualität herstellen, durch den Einfluß der Technik, neuer Produktionsverfahren usw. einen so hohen Grad der organischen Zusammensetzung des Kapitals aufweisen, daß die Kosten für die Neuanlage des fixen Kapitals nur von wenigen Kapitalisten aufgebracht werden können. Die Kartellierung, Bildung von Syndikaten und Vertrustung setzt immer einen bestimmten Grad der Konzentration und Zentralisation voraus. Darum war die Eisenindustrie von vornherein für den schnellen Übergang zur Monopolisierung prädestiniert. Doch auch innerhalb dieses außer der Kohleerzeugung wichtigsten Zweiges der Abteilung I gibt es hinsichtlich der Monopolbildung Unterschiede. Calwer schreibt mit Recht: „Die Eisenindustrie bietet ein Beispiel für ein solches Gewerbe, innerhalb dessen die Vorbedingungen für Kartellbildungen ganz verschieden liegen. Solange sich die Produktion mit der Herstellung der Rohstoffe befaßt, ist sie übersichtlich und geht hauptsächlich wenigstens in großen, gleichartigen Unternehmungen vor sich. Sobald aber die eigentliche Metallverarbeitung beginnt, die Herstellung der Tausende von Gebrauchsgegenständen in Eisen, sobald geht jede Übersicht und damit vorläufig wenigstens jede Möglichkeit zur Regelung der Produktion verloren. Deswegen haben wir auch in der Eisenindustrie, nach der Kartellbewegung betrachtet, zwei streng geschiedene Gebiete: dort, wo die Herstellung des Roheisens und seine erste grobe Verarbeitung erfolgt, zeigen sich mächtige und erfolgreiche Kartellbildungen, . . .
Auf dem Gebiete der Eisenverarbeitung dagegen finden sich nur wenige Kartellansätze und die wenigen sind meist von kurzer Dauer oder ohne weiterreichenden Belang: es sind eine Reihe loser Vereinbarungen oder vorübergehender Preisfestsetzungen, an denen sich im Verhältnis zur Gesamtzahl der gleichartigen Unternehmungen immer nur ein kleiner Prozentsatz beteiligt.“ [24]

Für die Kapitalisten der eisenerzeugenden Industrie war darum der durch den Schutzzoll ausgelöste Anreiz zur Monopolbildung am größten. Die Tatsache, daß die Kartellbewegung in den Jahren von 1879—1882 einen plötzlichen Aufschwung nahm, läßt sich jedoch nicht nur durch die Existenz von Schutzzöllen erklären. Es war sowohl für die Monopolisierung als auch für den schnellen Anstieg der Produktion von großer Bedeutung, daß zugleich mit der Einführung des Schutzzolles das Bessemerverfahren zur Anwendung kam und die Erfindung von *Thomas* und *Gilchrist* gerade in Deutschland weitestgehend ausgenutzt werden konnte. Die technische Nutzbarmachung dieser Erfindungen erforderte so gewaltige Mittel, daß nur die kapitalkräftigsten Unternehmer daraus profitieren konnten.

Der Beweis für die These, daß der Schutzzoll dem Gesetz der Konzentration und Zentralisation vermehrte Wirksamkeit verleiht, läßt sich auch am Beispiel des Entwicklungsganges der Industrien anderer Länder erbringen.

[24] *Calwer, R.*, Die Kartellbewegung in Deutschland 1891–1897. In: „Soziale Praxis“, 6. Jahrg., Nr. 34, S. 830.

Dietzel hat – bei grundsätzlicher Anerkennung der These, daß „dieser Enteignungsprozeß der Großen gegen die Kleinen auch bei Freihandel vor sich gegangen sein" würde [25] – darauf hingewiesen, daß das Schutzzollsystem die „Großbetriebstendenz", wie er die Monopolisierung nennt, künstlich verschärft habe. Er schreibt: „In der Treibhausluft des Hochschutzzolles von 1891 (in Rußland. R. S.) habe eine rapide Zunahme der Aktiengesellschaften stattgefunden. Das eingezahlte Kapital betrug – nach Handelsblatt der Nationalzeitung vom 11. Juli 1901–1890: 63,41 Millionen Rubel, 1895: 129,36, 1898: 256,24." [26]
Auch die „Vertrustung" in den USA zieht er als Beweis für seine zweifellos richtige Meinung heran. Er bemerkt, daß die Riesentruste erst seit der Zeit in den USA aufgekommen seien, da der Dingleytarif [27] sich ausgewirkt habe. „Weshalb ist hier (in den USA. R. S.) die Bewegung, welche früher nur allmählich Terrain gewann, früher, abgesehen von wenigen Großkartellen wie der Standard-Oil-Comp. und der Sugar Refining Comp., nur Syndikate mäßiger Größe ins Leben brachte, erst seit 1898 vorwärts geeilt in ‚leaps and bounds', und hat wahrhaft gigantische ‚Kombinationen' auf so vielen Gebieten der Industrie gleichzeitig hervorgezaubert?" [28]
Und weiter: „Nach einer französischen Berechnung beträgt im Durchschnitt der Schutzzoll, seit Erlaß des Dingley-Tarifs, etwa 40 % des Wertes. Mit ihm schlug die Geburtsstunde der Riesenringe, begann eine gewaltige Preistreiberei im Lande des Sternenbanners, eine gewaltige Preisschleuderei im Auslande. Als die Federal-Steel-Comp., die Vorläuferin des Morgan-Trusts, 1898 begründet war, wurde als deren Motiv verkündet: ‚Hochhaltung der Preise auf dem geschützten inneren Markt, Herabsetzung der Preise auf dem Weltmarkt behufs Bekämpfung der europäischen Nebenbuhler'." [29]
Schon ein Jahrzehnt vor Erlaß des Dingley-Tarifs hatte Engels darauf verwiesen, daß „der Schutzzoll jetzt in Amerika seine Arbeit so ziemlich getan habe und . . . deshalb entbehrlich sein" muß. [30] In diesem Zusammenhang führt er ein Beispiel an, um zu zeigen, „wie man eine wichtige Industrie durch Zollschutz töten kann". [31]
Je höher nun der Zollschutz für die Kapitalisten der Rohstoff- und Halbfabrikatenproduktion, um so größer die Abhängigkeit der Unternehmer der weiterverarbeitenden Industriezweige von den ersteren, um so intensiver damit der Differenzierungsprozeß und die Polarisation des Reichtums, der wirtschaftlichen und politischen Macht.

[25] *Dietzel, H.*, Sozialpolitik und Handelspolitik. 1902, S. 15.
[26] *Dietzel, H.*, a. a. O., S. 17.
[27] Der Dingleytarif trat am 24. 6. 1897 in Kraft. Er bedeutete eine Verschärfung des Mac Kinleytarifs aus dem Jahre 1890, der ohnehin schon stark schutzzöllnerisch war.
[28] *Dietzel, H.*, a. a. O., S. 19. [29] *Dietzel, H.*, a. a. O., S. 24.
[30] *Engels, F.*, Vorrede zur amerikanischen Ausgabe von Karl Marx, Rede über die Frage des Freihandels. In: Marx/Engels, „Kleine ökonomische Schriften". Dietz Verlag, 1955, S. 574.
[31] *Engels, F.*, a. a. O., S. 575.

Wir haben bisher gesehen, wie durch die Mithilfe des Zollschutzes der Ausschluß der ausländischen Konkurrenz vom nationalen Markt und die Beseitigung oder doch zumindest Einschränkung der freien Konkurrenz durch die Monopolisierung im Innern des Landes zustande gekommen ist. Das bleibt selbstverständlich nicht ohne Folgen hinsichtlich der Preisgestaltung und der Profite. Um das zu erklären, seien einige allgemeine Bemerkungen zur Theorie des Monopolpreises vorangestellt.

Die Bedingungen, unter denen sich im vormonopolistischen Kapitalismus die Durchschnittsprofitrate herausbildete, ändern sich beim Übergang zum Imperialismus. Der Preis nimmt den Charakter eines Monopolpreises an. Dieser Monopolpreis ist gleich dem Kostpreis plus dem Maximalprofit, der nicht mehr infolge des Wirkens der Durchschnittsprofitrate reguliert wird und in seiner Höhe auch bedeutend über dem Durchschnittsprofit liegt. Die Waren werden nicht mehr zu Produktionspreisen verkauft, sondern zu Preisen, die vom Monopol diktiert werden. Natürlich ist das Monopol nicht vollkommen frei in der Festsetzung seiner Preise. Letztlich bildet die Gesamtsumme des im Kapitalismus überhaupt produzierten Werts und Mehrwerts die Grenze der Gesamtsumme aller Preise. Aber es liegt je nach der Stärke der Monopole in deren Macht, die Differenz zwischen der Gesamtsumme aller Preise und der Preissumme aller nichtmonopolisierten Waren so hoch wie möglich zu halten. Die Größe dieser Differenz ist abhängig davon, inwieweit es dem Monopol gelingt, den Konkurrenzkampf innerhalb seines eigenen Bereichs, den Kampf zwischen ihm und anderen monopolistischen Verbänden und die Auseinandersetzung zwischen den Monopolen und den Außenseitern zu seinen Gunsten einzuengen bzw. siegreich zu gestalten. Weitere wichtige Faktoren hierfür sind die Kampfkraft der Arbeiterklasse und der Grad der Unterordnung des Staatsapparates unter die Monopole, die unter für sie günstigen Bedingungen z. B. immer höhere Zölle zugesichert erhalten und darum auch immer fettere Profite realisieren.

Die Monopolisierung, einmal mit Hilfe des Schutzzolls vorangekommen, führt also zu einer Neuverteilung des Mehrwerts. Nun sind aber, wie die späteren Untersuchungen zeigen werden, gerade jenen Industriezweigen durch den Zollschutz die günstigsten Bedingungen im Konkurrenzkampf gewährt worden, die sich schon unter „normalen" Verhältnissen, d. h. ohne daß der Staat direkt für sie Partei ergreift, in der besseren Position befinden. Es handelt sich hierbei um die Betriebe der extraktiven Industrie und um solche Unternehmen, die – um ein Beispiel aus der Eisen- und Stahlindustrie zu wählen – die nächsten Stufen der weiterverarbeitenden Industrie, Hütte, Stahlwerk und Walzwerk, umfassen. Der Schutzzoll auf Rohmaterialien und Halbfabrikate führt darum zu einer Stärkung jener Kartelle und Syndikate, die diese Waren herstellen. Gesetzt nun den Fall, die Kapitalisten dieser Branche hätten durch den Zoll ihr Ziel erreicht und die ausländischen Konkurrenten vom deutschen Markt verdrängt, dann würden sie für ihre Waren einen Preis erhalten, der sich wie folgt zusammensetzt:

$$\text{Weltmarktpreis} + \text{Zoll} + \text{Fracht.}$$

Das wäre der normale Verkaufspreis monopolisierter und zollgeschützter Waren. Folgendes Beispiel soll diese These verdeutlichen. Der Weltmarktpreis für eine Tonne Stahlblöcke sei 50 Mark, der Zoll betrage 10 Mark pro t und die Fracht – angenommen, der deutsche Weiterverarbeiter habe diese Ware bisher aus England bezogen – 2 Mark. In diesem Fall muß der Besitzer eines sogenannten reinen Walzwerkes für eine Tonne Stahlblöcke 62 Mark bezahlen. Die Monopole der Stahlindustrie realisieren also einen Extraprofit von 12 Mark; aber wohlgemerkt: die Monopole! Denn hätte der Schutzzoll neben der Absperrung des nationalen Marktes nicht auch – als sekundärer Faktor – die Bildung von Monopolen erreicht, dann wäre bei der Produktionskapazität der deutschen Werke, die weit über den Bedürfnissen des inneren Marktes lag, und unter den Bedingungen der freien Konkurrenz nie ein solcher Preis erzielt worden.

Wir sehen also, wie einerseits der Schutzzoll zum Stimulator bei der Monopolbildung wird, wie andererseits – und hier kommt die zweite Seite des Wechselverhältnisses zwischen Schutzzöllen und Monopolen zum Ausdruck – die bereits existierenden Monopole versuchen werden, immer höhere Zölle zugesichert zu bekommen. Je höher der Zoll, um so höher die Extraprofite: Aus dieser These läßt sich das Interesse der Bourgeoisie der Schwerindustrie an einer Politik des Hochschutzzolls erklären.

Nun könnte man einwenden, daß sich solche hohen Preise für die Erzeugnisse der Grundstoffindustrie auf die Dauer nicht halten lassen können. Neben anderen Gründen, die in diesem Zusammenhang unberücksichtigt bleiben dürfen, mag eingewandt werden, daß die Monopole dieses zollgeschützten Industriezweiges ja schließlich auf einen kontinuierlichen Absatz ihrer Waren angewiesen sind. Die Abnehmer der durch den Zoll „künstlich" verteuerten Roheisen-, Stahl- und Walzwerkprodukte – wie z. B. die Maschinenfabriken – können ihre Erzeugnisse aber nicht nur auf dem deutschen Markt loswerden, sondern müssen exportieren. Der Export wird aber doch dadurch unmöglich gemacht, daß die Herstellungskosten bedeutend über den Produktionskosten jener ausländischen Konkurrenten liegen, denen die Halbfabrikate nicht um den Zoll verteuert verkauft werden. Die Folge davon ist – und so schließt sich der Kreis – daß die Maschinenfabriken auf ihren Waren sitzen bleiben und in Zukunft nur noch einen Bruchteil dessen an Rohmaterialien und Halbfabrikaten kaufen können, was sie unter den Bedingungen des Freihandels beziehen würden. Das würde aber schließlich darauf hinauslaufen, daß auch die Monopole der Grundstoffindustrie ihres inländischen Absatzmarktes beraubt werden.

Dieser Einwand stimmt zum Teil. Tatsächlich wird der Preis monopolisierter und zollgeschützter Waren bei weitem nicht in allen Fällen die Höhe von Weltmarktpreis + Zoll + Fracht erreichen. Die Untersuchungen im Kapitel III werden uns darüber Aufschluß geben. Andererseits aber geht den Monopolen deshalb der inländische Absatz nicht verloren, weil die Kartelle und Syndikate ihren Abnehmern im Falle des Exports gewisse Ausfuhrunterstützungen zahlen, die zwar zu geringen Schmälerungen des durch den Schutzzoll garantierten Extraprofits führen, aber meistens wieder dadurch aufgewogen werden, daß die in dieser Form künstlich gesteigerte bzw. aufrecht erhaltene Nachfrage die Produktion gewährleistet. – Die Erzielung dieser Preise zieht weitere Konsequenzen nach sich. Indem der Schutzzoll dem Monopol einen Extraprofit ermöglicht – der nicht mehr der Aneignung der unbezahlten Arbeit der von einem Kartell ausgebeuteten Arbeiter entstammt, sondern sowohl einen Abzug vom Profit der nichtkartellierten Kapitalisten repräsentiert als auch einen Abzug vom Arbeitslohn der Arbeiter anderer Industriezweige oder überhaupt vom Einkommen der Bevölkerung darstellen kann – strömt das Kapital aus allen Sphären in jene Industriezweige, die einen hohen Grad der organischen Zusammensetzung des Kapitals aufweisen.

„Gerade dieser Umstand mußte die Industrien, die der Produktion von Produktionsmitteln dienen, in ihrer Entwicklung begünstigen, ihnen alles Kapital, das sie zur technischen Ausgestaltung benötigen, zur Verfügung stellen, ihren Fortschritt zu hoher organischer Zusammensetzung, damit aber auch ihre Konzentration und Zentralisation beschleunigen, und so die Vorbedingungen für ihre Kartellierung schaffen." [32]

Hilferding betrachtet diese Wirkung unter dem Aspekt der sich gerade entwickelnden Monopolbildung. Bestehen aber bereits Kartelle, dann wird deren Akkumulation sich in einem solchen Maße vollziehen, wie sie bei nichtmonopolisierten Unternehmen unmöglich ist.

Der Einfluß des Schutzzolls auf die Monopolbildung erschöpft sich jedoch nicht in der bisher dargestellten Form.

Kuczynski verweist unter der Überschrift „Monopole schaffen neue Monopole" auf die Kettenreaktion in der Monopolisierung und schreibt: „Das einzige Mittel für konkurrierende Unternehmer, sich erfolgreich gegen Monopole zu wehren ist, sich selbst in Monopolen zusammenzuschließen." [33]

Er meint, daß es nichtmonopolisierten Industrien nur in sehr wenigen Fällen möglich wäre, den Monopolen auszuweichen bzw. daß sich zwei Monopole zum Vorteil beider einigen. Dennoch gibt es eine ganze Reihe von Beispielen dafür, daß diese Form der Kettenreaktion in der Praxis möglich war. Kuczynski selbst führt für den zweiten Fall den Kauf von Kohlenzechen durch die monopolisierte Eisenindustrie an, der es darum zu tun war, „die Zahlung von Extraprofiten an das Kohlensyndikat zu vermeiden, bei gleichzeitigem Abkommen zwischen beiden Monopolgruppen dahin, daß die den Eisenwerken gehörenden Kohlenzechen auf dem freien Markt keine Konkurrenz machen werden." [34]

Für uns stellt sich das Problem wie folgt dar:

Haben sich einmal mittels des Zollschutzes in der Roheisenerzeugung und innerhalb des Zweiges der Kohle- und Koksproduktion Kartelle und Syndikate gebildet, so wird sich deren Existenz sehr bald in einem Ansteigen der Preise bemerkbar

[32] *Hilferding, R.*, Das Finanzkapital. Dietz Verlag, 1955, S. 452.

[33] *Kuczynski, J.*, Studien zur Geschichte des deutschen Imperialismus. Bd. I, 2. Auflage, 1952, S. 42.

[34] *Kuczynski, J.*, a. a. O., S. 43.

machen. Damit werden sich die Abnehmer der nun verteuerten Waren aber nicht ohne weiteres abfinden. Folgedessen trachten sie danach – in diesem Fall würde es sich um Stahlwerke, Gießereien und Walzwerke handeln – von den teuren Rohmaterialien unabhängig zu werden. Das heißt, die Stahlwerke werden versuchen, sich Hochöfen anzugliedern, die Walzwerke werden bemüht sein, Stahlwerke, Hochöfen und vielleicht sogar Kohlefelder zu erwerben, um auf diese Weise von sogenannten reinen Werken zu gemischten Betrieben überzugehen.[35] Auch dieser Prozeß ist selbstverständlich der Wirkung objektiver ökonomischer Gesetze geschuldet, da das Profitinteresse – das Streben nach dem Maximalprofit – die einzelnen Kapitalisten dazu drängt, sich die günstigsten Bedingungen im und für den Konkurrenzkampf zu schaffen. Unter relativ günstigen Voraussetzungen zu produzieren, heißt aber, unabhängig zu werden von den Lieferanten, den Rohstoffproduzenten, deren Waren durch den Schutzzoll künstlich verteuert wurden. In diesem Sinn übt der Zollschutz eine weitere indirekte Wirkung aus, die zwar in der Regel nicht zu Kartellen führt, aber doch Kombinationen, gemischte Betriebe schaffen hilft, die sehr bald eine Monopolstellung einnehmen werden. Das ist ein Beweis für die oft geäußerte Ansicht, nach der der Schutzzoll immer neue Blüten treibt, einen Produktionszweig nach dem anderen erfaßt, ein Land nach dem anderen in die Schutzzollmanie hineinzieht. Denn es erscheint logisch, daß nun jene Betriebe den Schutzzoll auszunützen suchen, die sich gerade durch die Bildung sogenannter Kombinationen von der – für sie – profitzehrenden Wirkung der Eisenschutzzölle befreit haben und außerdem bestrebt sein werden, jetzt ihrerseits Schutzzölle bzw. erhöhte Schutzzölle zu verlangen.

Levy verweist in dem Bestreben, die geringe Ausgestaltung der vertikalen Betriebskombination in England vor dem ersten Weltkrieg zu erklären, auf die große Bedeutung der Existenz von Schutzzöllen und Monopolen für die Bildung der gemischten Betriebe. Er schreibt: „Da, wo Schutzzölle und Rohstoffmonopole eine Versorgung mit Fabrikationsmaterialien für den Weiterverarbeiter erschweren, und wo es zugleich dem Fertigfabrikanten unmöglich ist, eine monopolistische Preiserhöhung der Materialien voll auf den Konsumenten abzuwälzen, muß die Angliederung von Rohproduktion und Halbfabrikation unumgänglich erscheinen . . . Der Kombinationprozeß ist demnach in Großbritannien ein viel langsamerer gewesen als in Ländern, in denen die Industriellen in ihm geradezu eine Schutzwehr vor der Vergewaltigung durch die Rohstoffproduzenten und Halbfabrikanten erblickten.“ [36]

Zur gleichen Ansicht kommt *Voelcker:* „In wirtschaftlicher Beziehung bietet die Betriebsvereinigung die Möglichkeit, sich bei der Beschaffung von Produktionsmitteln unabhängig von seinen Lieferanten und dem Zwischenhandel zu machen.

[35] Dieser Prozeß wird in dem Werk von *Heymann, H. G.*, Die gemischten Werke im deutschen Großeisengewerbe, eingehend untersucht. Wir werden im nächsten Abschnitt genauer auf diese indirekte Wirkung zu sprechen kommen.

[36] *Levy, H.*, Monopole, Kartelle und Trusts, in der Geschichte und Gegenwart der englischen Industrie, 1909, S. 189.

Es kann keinem Zweifel unterliegen, daß in dieser Beziehung die Bildung der Syndikate einen großen Anreiz zu Betriebsvereinigungen gewährt hat . . ." [37]
Mannstaedt widmet dieser Erscheinung ebenfalls besondere Aufmerksamkeit. Er führt ebenso wie *Heymann* eine Reihe von Beispielen an, die zeigen, wie sich die jeweiligen Weiterverarbeiter der Preispolitik der Rohstoffkartelle zu entziehen versuchten. Hochofenwerke kauften Kohlen- und Eisensteingruben, reine Walzwerke bauten Martinwerke, um das Halbzeug billiger zu erhalten, Martinwerke wiederum suchten sich von den Roheisensyndikaten unabhängig zu machen usw. Mannstaedt kommt zu dem Schluß: „Die Politik der verschiedenen Kartelle hat also bewirkt, daß der Zusammenschluß, der schon an und für sich aus technischen und wirtschaftlichen Gründen im Interesse der großen Werke lag, noch ganz wesentlich beschleunigt wurde." [38]
Die Reihe solcher Ansichten, wonach die Kartelle und Syndikate zu immer weitgehenderen vertikalen Kombinationen geführt haben, ließ sich beliebig vermehren. Die Mithilfe der Schutzzölle bei der Bildung von monopolistischen Verbänden einmal anerkannt, muß die Entstehung der sogenannten gemischten Betriebe als indirekte Wirkung des Zollschutzes ebenfalls zugegeben werden.
So wie der Schutzzoll einerseits den kartellierungsfähigen Industrien ökonomische Vorteile gewährt, trägt er andererseits zum Untergang jener Unternehmen bei, die weder durch hohe Zölle geschützt sind, noch die Möglichkeit haben, sich durch Zusammenschluß dem Druck der Monopole der Grundstoffindustrie zu widersetzen. Ein typisches Beispiel dafür sind die sogenannten „reinen Walzwerke", die nicht in der Lage waren, den gemischten Betrieben, den „Kombinationen" im Konkurrenzkampf wirksam entgegentreten zu können.[39] Diesen Differenzierungsprozeß erkennend, schreibt *Dietzel:* „Es ist also einerseits eine Wirkung der Großbetriebstendenz, andererseits aber wird es zur Ursache weiteren Umsichgreifens derselben: die Auflösung der nichtkartellierungsfähigen Bestandteile des Produktionsprozesses geht Hand in Hand mit der Vereinigung in großkapitalistische Unternehmungen." [40]
Darum nimmt es nicht wunder, wenn man bei einer Betrachtung der Statistik der Zahl der reinen Walzwerke feststellt, daß sie in den Jahren vor dem 1. Weltkrieg völlig von der Bildfläche verschwinden. Zwar versuchen die Roheisen- und Halbzeugverbraucher sich mit aller Macht gegen die Preispolitik der Kartelle und Syndikate zu wehren, sie müssen jedoch einsehen, daß diese Bemühungen frucht-

[37] *Voelcker, H.*, Bericht über das Kartellwesen in der inländischen Eisenindustrie. 1903, S. 16.

[38] *Mannstaedt, H.*, Die Konzentration in der Eisenindustrie und die Lage der reinen Walzwerke. 1906, S. 28.

[39] Diese Erscheinung hat eine umfangreiche Literatur hervorgerufen, in der versucht wird, die Lage der reinen Walzwerke zu schildern und zu erklären. Aus der Fülle der Schriften seien einige genannt. *Mannstaedt, H.*, Die Konzentration in der Eisenindustrie und die Lage der reinen Walzwerke; *Jutzi, W.*, Die deutsche Montanindustrie auf dem Wege zum Trust; *Heymann, H. G.*, Die gemischten Werke im deutschen Großeisengewerbe.

[40] *Dietzel, H.*, a. a. O., S. 22.

los bleiben. Noch im Jahre 1909 überreicht der „Verein der Roheisen- und Halbzeugverbraucher“ dem Deutschen Reichstag eine „Petition, betreffend die Sistierung und spätere Aufhebung der Schutzzölle auf Roheisen, Schrott und Halbzeug“.[41]

Daß die Petition ohne Erfolg blieb, ist leicht verständlich, wenn man bedenkt, in welchem Maße sich die Bourgeois der Grundstoffindustrie bereits des Staatsapparates bemächtigt hatten und ihre Interessen durchzusetzen verstanden.

Damit kommen wir auf eine Erscheinung zu sprechen. die eine etwas ausführlichere Darstellung verlangt: Das Entstehen parasitärer Elemente infolge der Monopolisierung und der Schutzzollpolitik. Man vergegenwärtige sich noch einmal, daß die deutsche Eisen- und Stahlindustrie stark exportorientiert war.[42]

Mit Ausnahme von Weißblech machte die Ausfuhr bei allen Eisenwaren ein Vielfaches der Einfuhr aus. Es lag darum im Interesse der deutschen Exporteure, die Rohmaterialien so billig wie möglich einzukaufen: Roheisen und Kohle. Diese Grundstoffe waren jedoch durch den Zoll und die Preispolitik der Monopole verteuert worden.

Daß Lenin dieser Tatsache große Bedeutung beimaß, ersieht man aus der Art und Weise, wie er diesbezügliche Sätze aus der Arbeit von *Kestner* hervorhob. In Heft α übernahm er Auszüge aus Kestners „Der Organisationszwang“ und versah folgende Sätze mit dreifachen fetten Strichen am Rande des Manuskriptes: „Eine dauernde Erhöhung der Preise als Kartellwirkung ist bisher nur bei den wichtigsten Produktionsmitteln, insbesondere bei Kohle, Eisen, Kali, dagegen auf die Dauer niemals bei Fertigwaren zu verzeichnen gewesen.“ [43]

Der Versuch, die hohen Einstandspreise auf die Konsumenten abzuwälzen, gelang nur dort, wo sich auch in der weiterverarbeitenden Industrie so starke Kartelle und Syndikate gebildet hatten, daß sie den Abnehmern auf dem nationalen Markt Monopolpreise diktieren konnten und dafür im Ausland Dumping trieben (z. B. das Schienenkartell). Die ausländischen Weiterverarbeiter dagegen hatten gegen die deutsche Schutzzollpolitik in vielen Fällen nichts einzuwenden, kamen sie doch dadurch in den Genuß der billigen, z. B. in England zu Schleuderpreisen verkauften deutschen Waren. Um das an einem Beispiel zu demonstrieren: Der Weltmarktpreis für Stahlschienen sei gleich 100, der Zoll betrage in Deutschland 15, die Fracht 5. Der dem deutschen Schienenkartell gewährte Extraprofit = 20 gestattete es diesem, dafür auf dem englischen Markt um 10 unter dem Weltmarktpreis zu verkaufen = 90. So stehen sich folgende Preise gegenüber:

Der englische Fabrikant bezog deutsche Schienen zu	$100 - 10 = 90$
Der deutsche Fabrikant bezog deutsche Schienen zu	$100 + 15 + 5 = 120$.

41 DZA Potsdam, Deutscher Reichstag, Zollwesen, Akt. Nr. 3551.
42 Siehe die Statistiken und graphischen Darstellungen im Anhang, Anlage III.
43 *Kestner, F.*, Der Organisationszwang, 1912, S. 254, zitiert bei *Lenin, W. I.*, Hefte zum Imperialismus. Dietz Verlag, 1957, S. 21.

Diese durch den Schutzzoll ermöglichte Preispolitik führte dazu, daß die Konkurrenzfähigkeit der deutschen eisenverarbeitenden Industrie künstlich herabgedrückt wurde. Nichts kann wohl besser den Parasitismus verdeutlichen, der zu einem wesentlichen Charakterzug des Imperialismus wurde, sich in Deutschland noch dazu relativ früh bemerkbar machte.[44]

Die Schutzzollgesetzgebung des Jahres 1879 war also ohne Zweifel von den „Rücksichten" auf die Eisen und Stahl *erzeugende* Industrie diktiert.

Der Schutzzoll auf Roheisen hat in der Konsequenz dazu geführt, daß sich das Übergewicht der Monopole der Grundstoffindustrie noch verstärkte. Der Bülowsche Zolltarif, der am 1. 1. 1906 in Kraft trat, lag ganz auf dieser Linie und setzte auf erhöhter Ebene die Politik des Staates gegenüber den Monopolen fort — oder genauer: die Monopole der Schwerindustrie diktierten dem Staat ihre Forderungen.

Es zeugt von dem ehrlichen Bemühen eines bürgerlichen Ökonomen, die Dinge auf ihre Ursachen und Wirkungen hin zu überprüfen, wenn er schreibt: „Insbesondere sieht dieser Autor (gemeint ist Hilferding. R. S.) richtig, wie im Intrigenkampf der Branchen bei der Vorbereitung des Bülow-Tarifs die organisierte Wirtschaft die Staatsmacht zu usurpieren versucht, und wie die wachsenden wirtschaftlichen Interessenkonflikte die politischen Spannungen zwischen den einzelnen Staaten verschärfen. Vermehrung aller staatlichen Machttendenzen, auch der Heeres-Rüstungen, ist nicht zuletzt eine Folge der monopolistischen Aggressivzollpolitik der Kartelle." [45]

Dieser Einschätzung kann nur voll zugestimmt werden. Denn wenn weiter oben festgestellt wurde, daß die deutsche reaktionäre Schutzzollpolitik manchem englischen Fertigwarenfabrikanten genehm war, so trifft das doch nur die eine weniger bedeutungsvolle Seite diese Problems. Gewichtiger ist die Tatsache, daß sich die deutsche Großbourgeoisie die englische zu ihrem Feind machte und damit die Gegensätze zwischen diesen beiden Ländern verschärfte, die ohnehin schon seit der Mitte der 80er Jahre wegen der beginnenden Kolonialpolitik Bismarcks eine Zuspitzung erfahren hatten.

Die stimulierende Rolle des Schutzzolls bei der Monopolisierung ist damit unter jenen Aspekten betrachtet worden, wie sie sich bei einer logischen Ableitung von Ursache, Wirkung, neuer Ursache und Gegenwirkung zwangsläufig ergeben. Damit ist das Thema aber nicht erschöpft. Die indirekte Wirkung des Schutzzolls zieht weitere Kreise.

Als begrenzt monopolbildende Faktoren erwiesen sich im Laufe des letzten Jahrzehnts des 19. und zu Beginn des 20. Jahrhunderts die Ausfuhrunterstützungen der Kartelle und Syndikate.[46]

[44] Beispiele dafür siehe im nächsten Abschnitt.

[45] *Stadler, Th. W.*, Wie wirken Schutzzölle auf die Bildung von nationalen und internationalen Kartellen sowie auf die Kartellpolitik. Freiburg 1933, S. 7.

[46] Auch hierüber gibt es eine Reihe von Spezialuntersuchungen. Hier seien genannt: *Morgenroth, W.*, Die Exportpolitik der Kartelle. 1907; *Glowacki, M.*, Die Ausfuhrunterstützungspolitik der Kartelle. 1908.

Die Kartelle – in ihrem Bestreben, Maximalprofite zu erlangen, sahen sich besonders in Zeiten der Depression vor die Alternative gestellt, entweder mit ihren Preisen herunterzugehen, um den Absatz ihrer Waren zu garantieren, oder aber ihren Abnehmern Unterstützungen in den Fällen zu zahlen, da die letzteren solche Waren exportieren, die aus den vom Kartell gelieferten Rohstoffen hergestellt worden waren. Diese Kartellvergütungen werden von *Glowacki* definiert als „Entschädigungen, die den weiterverarbeitenden Abnehmern eines Kartells durch dieses gewährt werden, um sie beim Verkauf ihrer Produkte ins Ausland dafür zu entschädigen, daß sie ihre Rohstoffe bei dem Kartell teurer einkaufen müssen, als letzteres sie den ausländischen Konkurrenten verkauft.“ [47]

Die Kartellvergütungen wurden in den 90er Jahren zu einer ständigen Einrichtung, nachdem sie zuerst vom Rheinisch-westfälischen Kohlen- und dem Siegerländer Eisensteinsyndikat gemeinsam den Walzwerken für das zu Exortzwecken verarbeitete Roheisenquantum gewährt worden waren. Fast in allen Kartellstatuten bzw. in den mündlichen Abmachungen findet sich aber der Passus, daß Vergütungen solcherart nur an in Verbänden zusammengeschlossene Abnehmer zu zahlen sind. Den Grund dafür gibt uns Schaltenbrandt, Direktor des Stahlwerksverbandes, zu wissen, der anläßlich der kontradiktorischen Verhandlungen ausführte: „Wir wollen die freie Konkurrenz im Exporthandel vermeiden, wir wollen, daß er in eine Hand gelegt wird . . . Darum unterstützen wir die Verbände und verwenden diese Vorzugsbedingungen als mildes Zwangsmittel.“ [48]

Diese Feststellung scheint im Widerspruch zu stehen zu der allgemeingültigen These, daß Monopole immer bemüht sein werden, die Bildung neuer Monopole der höheren Fertigungsstufen zu verhindern. Der scheinbare Widerspruch löst sich, wenn man bedenkt, daß sich Schaltenbrandt bei dieser demagogisch-offenen Aussage dessen wohl bewußt war, daß es den Fertigwarenindustrien nur in den seltensten Fällen möglich ist, sich zu kartellieren. Andererseits wird dem Stahlwerksverband in der Tat die Existenz solcher Verbände genehm gewesen sein, die – schwach genug, sich widersetzen zu können – als sicherer Abnehmer des Halbzeugs galten.

Wir haben diese Kartell-Ausfuhrvergütungen darum begrenzt monopolbildend genannt, weil sie nur in wenigen Fällen tatsächlich zu monopolistischen Zusammenschlüssen geführt haben. So ist die Bildung des Feinblechverbandes im Jahre 1908 darauf zurückzuführen gewesen, daß die Produzenten feiner Bleche in den Genuß der vom Stahlwerksverband gewährten Unterstützungen kommen wollten.

Zusammenfassend ist zu diesem Problem festzustellen, daß die Ausfuhrunterstützungspolitik der Kartelle letztlich zur weiteren Vertiefung des Gegensatzes zwischen Rohstoff- und Halbzeugproduzenten einerseits und den Unternehmern der Fertigwarenindustrien andererseits führte.

Wenn wir bisher von der Wechselwirkung zwischen Schutzzöllen und Monopolen gesprochen haben, so schloß das natürlich auch die Rückwirkung, d. h. den Ver-

[47] *Glowacki, M.*, a. a. O., S. 31/32.
[48] zitiert bei *Glowacki, M.*, a. a. O., S. 66/67.

such der Kartelle, nun ihrerseits erneut Zölle zu verlangen, ein. Dieser Erscheinung wollen wir uns abschließend zuwenden.

Besteht bereits eine monopolistische Vereinigung (Kartell, Syndikat), so wird die Ausnutzungsmöglichkeit des Schutzzolls unmittelbar wirkende Triebkraft zu ihrer Festigung, da der Zoll dem Kartell den nationalen Markt sichert und ihm zugleich einen Extraprofit verheißt, der um so höher ist, je mehr der Schutzzoll heraufgeschraubt wird. Unter den Bedingungen der freien Konkurrenz kommt dem Schutzzoll dann keine preissteigernde Wirkung mehr zu, wenn die „geschützte" Industrie den Bedarf mehr als genug decken kann. Besteht aber ein Kartell, dann wird die Konkurrenz auf dem nationalen Markt *so* stark eingeschränkt, daß der Zoll im Preis der zollgeschützten und monopolisierten Ware zum Ausdruck kommen kann. Hilferding faßt diese Wirkungen in folgende Worte: „Das Kartell schließt durch Kontingentierung des für den inländischen Konsum bestimmten Produktionsquantums die Konkurrenz auf dem inneren Markte aus. Der Wegfall der Konkurrenz erhält die preiserhöhende Wirkung des Schutzzolles auch für jenes Stadium, wo die Produktion den Bedarf des Inlandes längst übersteigt. So wird es zu einem eminenten Interesse der kartellierten Industrie, den Schutzzoll zu einer dauernden Einrichtung zu machen, der ihr erstens den Bestand als Kartell sichert und zweitens ihr gestattet, auf dem inländischen Markt ihr Produkt mit einem Extraprofit zu verkaufen. Die Höhe dieses Extraprofits ist gegeben durch die Erhöhung des inländischen Preises über den Weltmarktpreis. Diese Differenz hängt aber ab von der Höhe des Zolles. Ebenso unbeschränkt wie das Streben nach Profit wird so das Streben nach Erhöhung des Zolles. Die kartellierte Industrie ist so unmittelbar im höchsten Maße interessiert an dem quantitativen Ausmaß des Schutzzolles." [49]

Treiben die Kartelle der Rohstoffindustrie diese Preise jedoch so hoch, daß die Konkurrenz- und Ausdehnungsfähigkeit der Industrie beeinträchtigt wird, dann gewinnen letztlich nur die wenigen Produzenten kartellierter Rohstoffe der Schwerindustrie. Der Parasitismus nistet sich so in die kapitalistische Gesellschaft ein.

Da sich der deutsche Imperialismus weder auf ein Kolonial- noch auf ein Welthandelsmonopol stützen konnte — wie England — wurden die Schutzzölle für die deutschen Monopolisten der Schwerindustrie zu einem der wichtigsten Mittel im ökonomischen Kampf mit den anderen Großmächten. In diesem Sinne ist die Anmerkung Engels' im „Kapital" zu verstehen: „Aber diese Schutzzölle selbst sind nichts als die Rüstungen für den schließlichen allgemeinen Industriefeldzug, der über die Herrschaft auf dem Weltmarkt entscheiden soll." [50]

*

[49] *Hilferding, R.*, a. a. O., S. 457.

[50] *Engels, F.*, Anmerkung. In: Karl Marx „Das Kapital". Bd. III. Dietz Verlag, 1951, S. 534.

Die aus dem Studium der Wechselwirkung zwischen Schutzzöllen und Monopolen gewonnenen Erkenntnisse lassen sich in folgenden Thesen zusammenfassen:
Der objektive Prozeß der Bildung von Monopolen wird beim Übergang vom Kapitalismus der freien Konkurrenz zum Imperialismus beschleunigt und intensiviert:

1. durch den Ausschluß der ausländischen Konkurrenz vom inneren (nationalen) Markt. Die dadurch hervorgerufene Verminderung der um den Absatz ihrer Waren kämpfenden Unternehmer ist eine wichtige Vorbedingung für ihren Zusammenschluß zu monopolistischen Verbänden, die in den ersten Etappen der Monopolisierung in Form von Kartellen und Syndikaten auftreten;
2. dadurch, daß bei bereits existierenden Monopolen der Grundstoffindustrie deren Abnehmer versuchen werden, sich ebenfalls in Monopolorganisationen zusammenzuschließen. Der Grund für diese Tendenz liegt in der Tatsache, daß die durch den Zollschutz begünstigten Monopole der Schwerindustrie die Preise für die von ihnen erzeugten Waren hochschrauben. Um diesen Monopolpreisen auszuweichen, bemühen sich die Unternehmer der nachfolgenden Produktionsstufen, ihre Betriebe aus sogenannten „reinen" Werken in „Kombinationen" umzuwandeln. Hier liegt einer der Ansatzpunkte für das Entstehen von Konzernen und Trusts;
3. infolge der Ausfuhrvergütungen der Kartelle und Syndikate, weil diese monopolistischen Organisationen solche Vergütungen und Exportprämien in der Regel nur an Verbände zahlten. Dieses „milde Zwangsmittel" stimulierte die Monopolisierung;
4. durch die Extraprofite, die die Kapitalisten der nichtmonopolisierten und schwer monopolisierbaren Industrien den Monopolen in den protektionistisch abgeschirmten Rohstoffindustrien zu zahlen haben.

Weitere Folgen des Zusammenwirkens von reaktionärer Schutzzollpolitik und Monopolen sind:

Erhöhung der Preise im Inland und damit Verteuerung der Lebenshaltungskosten der Bevölkerung, vor allem der Arbeiter; eine Politik des Dumping im Ausland und damit Unterstützung der ausländischen Konkurrenten der deutschen Exportindustrien; immer größere Abhängigkeit der weiterverarbeitenden Industrien von den Monopolen der Rohstoff- und Schwerindustrie; Verschärfung der Beziehungen der kapitalistischen Staaten untereinander.

Wenn in der Formulierung des Themas von dem „Einfluß der Schutzzölle auf die Monopolisierung" gesprochen wurde, so war damit die Aufgabe im weitesten Sinne gestellt worden. Die zeitliche Begrenzung des Themas auf die zweite Periode in der Geschichte der Monopole beschränkt jedoch das Untersuchungsobjekt auf im wesentlichen zwei Arten der Monopole. Es sind vor allem Kartelle und Syndikate, die infolge der bis zu Beginn der 90er Jahre noch „mangelhaft" ausgebildeten Konzentration und Zentralisation der Produktion und des Kapitals „fast alle... ruhmlos im ‚Graben des Krachs'" endeten[51] und die sogenannten „gemischten Betriebe" oder „kombinierten Werke" [52], die wiederum sehr oft als eine Folge der monopolistischen Preispolitik der Kartelle und Syndikate entstanden. Aus diesen Kombinationen entwickelten sich in mehr oder weniger kurzen Zeiträumen die Konzerne. Das heißt: Innerhalb des zu untersuchenden Zeitabschnitts bildeten sich noch nicht jene starken, festgefügten monopolistischen Verbände heraus, wie sie ausgangs des vorigen Jahrhunderts Produktion und Zirkulation im weitesten Umfang zu beherrschen begannen. Zur Zeit des Übergangs von der hochschutzzöllnerischen Wirtschaftspolitik Bismarcks zur Handelsvertragspolitik Caprivis nähert sich erst die zweite Periode in der Geschichte der Monopole ihrem Ende. Nach Vogelstein hebt die „erste große Entwicklungsperiode" der Monopole „mit der internationalen Depression der siebziger Jahre an und reicht bis zum Beginn der neunziger Jahre..." [53]. Lenin konkretisiert diese These und schreibt: „2. Nach der Krise von 1873 weitgehende Entwicklung von Kartellen, die aber noch Ausnahmen, keine dauernden, sondern vorübergehende Erscheinungen sind." [54] Und für die außerhalb unserer Betrachtung stehenden Jahre gilt der 3. Abschnitt der Lenin'schen Periodisierung: „Aufschwung am Ende des 19. Jahrhunderts und Krise von 1900 bis 1903: Die Kartelle werden zu einer der Grundlagen des ganzen Wirtschaftslebens. Der Kapitalismus ist zum Imperialismus geworden." [55]

Diese Kartelle, „die... noch Ausnahmen... sind", stehen deshalb im Mittelpunkt unserer Betrachtungen. Damit ist zugleich gesagt, daß es sich um niedere Entwicklungsformen der Monopole handelt. Es wäre aber falsch, aus der Reihenfolge Kartell, Syndikat, Konzern und Trust den Schluß zu ziehen, daß dadurch in jedem Fall der Grad ihrer Wirksamkeit vorherbestimmt sei. Kartelle, die sowohl Preise als auch die Produktion kontrollieren, spielen eine größere Rolle im Wirtschaftsleben als solche Syndikate, die sich nur auf eine Kontrolle der Preise beschränken, obwohl sie ihrem Charakter nach eine höhere Organisationsform darstellen.

Aber auch innerhalb ein und derselben Monopolform kann es große Unterschiede in bezug auf die volkswirtschaftliche Bedeutung geben. Kartelle in der Schwerindustrie werden gemeinhin eine größere Bedeutung für die Gesamtwirtschaft haben als solche in der Lebensmittelindustrie.

[51] *Vogelstein, Th.*, Die finanzielle Organisation... Zitiert bei *Lenin, W. I.*, Der Imperialismus... In: „Ausgewählte Werke". Dietz Verlag, 1955, Band I, S. 780.

[52] „Gemischte Werke" oder „Kombinationen" nennt Lenin die „Vereinigung(en) verschiedener Industriezweige in einem riesigen Unternehmen; diese Industriezweige bilden entweder aufeinanderfolgende Stufen der Verarbeitung des Rohstoffs (z. B. Gewinnung des Roheisens aus dem Erz, seine Verarbeitung zu Stahl und unter Umständen auch die Erzeugung dieser oder jener Stahlfabrikate) oder spielen in bezug aufeinander eine Hilfsrolle." *Lenin, W. I.*, a. a. O., S. 777/778.

[53] *Vogelstein, Th.*, a. a. O., Zitiert bei *Lenin, W. I.*, ebenda.

[54] *Lenin, W. I.*, a. a. O., S. 781.

[55] Ebenda.

Was sind nun Kartelle? Kuczynski nennt sie „Zusammenschlüsse verschiedener Firmen zu einer gemeinsamen Politik – Preispolitik, Produktionspolitik usw.“.[56] Mit einer solchen Definition kann man sich nicht einverstanden erklären oder doch zumindest nicht begnügen, weil sie jedes Hinweises entbehrt, daß es sich auch schon beim Kartell um eine monopolistische Beherrschung des Marktes handelt. Denn aus einer „gemeinsamen Politik“ muß keineswegs resultieren, daß sie den Charakter einer monopolistischen Zwangsmaßnahme trägt. Das aber ist das Entscheidende. Nun ist jedoch der monopolistische Zwang ein Kennzeichen jeder monopolistischen Verbandsbildung. Deshalb muß eine Abgrenzung gegenüber den stärker durchorganisierten Monopolen vorgenommen werden. Unter Beachtung dieser Merkmale könnte man Kartelle wie folgt definieren:

Kartelle sind durch Vereinbarung, ökonomischen Zwang, in späteren Perioden auch mit Hilfe des Staates zustande gekommene Zusammenschlüsse von Einzelunternehmern zumeist eines bestimmten Industriezweiges, deren Ziel in der monopolistischen Beherrschung des Marktes und deren Endzweck – entsprechend den Gesetzen kapitalistischer Produktion – in der Realisierung eines höchstmöglichen Profits liegt. Dieses Ziel zu erreichen soll – bei Beibehaltung der juristischen Selbständigkeit der in einem Kartell vereinigten Unternehmer – mit Hilfe gemeinsamer Einkaufs- und Verkaufsbedingungen (wie Preise, Rabatte usw.) versucht werden. Trotz der Tatsache, daß es sich beim Kartell um die niederste Organisationsform monopolistischer Vereinigungen handelt, werden auch in ihm parasitäre Elemente darin sichtbar, daß es zu solchen Mitteln wie der Einschränkung der Produktionskapazitäten, der Stillegung von Aggregaten usw. Zuflucht nimmt.

Das Syndikat geht einen Schritt weiter als das Kartell. Während die einem Kartell angehörenden Unternehmen ihre Selbständigkeit nicht verlieren und ihre Geschäfte im Rahmen der vereinbarten Bedingungen selbst tätigen, tritt im Syndikat an die Stelle ihrer zersplitterten Einzelaktionen in bezug auf den Verkauf der Waren eine gemeinsame Organisationsform: das Verkaufsbüro. Das selbständige Handeln der in einem Syndikat zusammengeschlossenen Kapitalisten wird weiter eingeengt.

Die Entstehung von Kartellen, deren Charakter und Formen, der Grad ihrer Wirksamkeit, die Kartellstatuten u. v. a. m. sind vor allem von deutschen bürgerlichen Nationalökonomen und Wirtschaftshistorikern, aber auch von sozialdemokratischen Theoretikern in einer Vielzahl von Schriften untersucht worden. Obzwar sich Kartelle vereinzelt schon in den 60er und zu Beginn der 70er Jahre des 19. Jahrhunderts in Deutschland finden, beginnen die Versuche einer Interpretation dieser neuen Gebilde der Wirtschaft erst in dem vorletzten Jahrzehnt des vergangenen Jahrhunderts. Das hat seinen Grund darin, daß „die Kartellbewegung ... zu einer auffallenden und gesamtwirtschaftlich bedeutsamen Er-

[56] *Kuczynski, J.*, Studien zur Geschichte des deutschen Imperialismus. Bd. I: Monopole und Unternehmerverbände. Berlin 1952, 2. Auflage, S. 23.

scheinung erst" wird, „nachdem Deutschland im Jahre 1879 zum Schutzzoll überging".[57]

Damit ist schon angedeutet, daß die Kartellbewegung ihren „Standort" vor allem in Deutschland (und Österreich) hatte. So war es nur natürlich, daß sich fast ausschließlich deutsche und österreichische Wissenschaftler – soweit sie diesen Namen verdienen – der Aufgabe unterzogen, dieses neue Phänomen zu erklären. *Wolfers* – obwohl selbst in der Terminologie und der Methode der Nationalökonomie befangen – stellt sehr richtig fest, daß „die Kartelltheorie ... nicht von der Theorie des Monopols und Monopolpreises her aufgebaut wurde. Die Beschreibung der Institutionen, die Darstellung ihres vielfältigen Aufbaus und der Versuch ihrer Klassifizierung nahm einen breiten Platz ein".[58]

Diese Betrachtungsweise, die in den Grenzen des Desriptiven befangen bleibt, läßt sich vor allem daraus erklären, daß der Historismus in alle gesellschaftswissenschaftlichen Disziplinen Eingang gefunden hatte– soweit sie bürgerlichen Charakter trugen – und die Nachläufer der älteren historischen Schule im Verein mit den Kathedersozialisten bemüht waren, an die Stelle wissenschaftlicher Forschung die Faktologie zu setzen, während die Grenznutzenschule als bürgerliche Gegenströmung – um der „Theorie" wieder Anerkennung zu verschaffen (!) – ihre Untersuchungen noch nicht auf die mit den Monopolen zusammenhängenden Fragen ausgedehnt hatte.

Wolfers versucht dann in seiner sehr instruktiven Arbeit die geschichtliche Entwicklung der deutschen Kartellehre in vier Perioden zu erfassen, deren erste „beginnt mit Kleinwächters Schrift vom Jahre 1883 und bis in die letzten Jahre des Jahrhunderts" [59] reicht. Neben *Kleinwächter* – dessen Schrift „Die Kartelle" darum, so paradox es klingen mag, für uns interessant ist, weil sich in ihr nicht ein einziger Satz findet, der auf den Zusammenhang zwischen Schutzzöllen und Kartellen hindeutet – sind es *Brentano* und *Schäffle,* vor allem aber der „Unternehmerpublizist" Steinmann-Bucher [60], die von ihrer Warte aus die Kartelle untersuchen.

Den Abschluß dieser und zugleich den Beginn einer zweiten Periode stellen die Untersuchungen *Liefmanns* [61] dar, den Lenin einen „vorbehaltlosen Verteidiger

[57] *Wolfers, A.*, Das Kartellproblem im Lichte der deutschen Kartelliteratur. 1931 (180. Band der „Schriften des Vereins für Sozialpolitik"), S. 1.

[58] Ebenda. [59] Ebenda.

Es würde den Rahmen dieser Arbeit sprengen, wollten wir dieser Periodisierung im einzelnen folgen. Es seien darum nur die wichtigsten Kartelltheoretiker erwähnt.

[60] Es war uns leider nicht möglich, das Industriellen-Organ „Die Industrie – zugleich Deutsche Konsulatszeitung" Berlin 1881ff., als dessen Herausgeber Steinmann-Bucher zeichnete, einzusehen. Diese Zeitschrift verfolgte wohl als einzige den Lauf der Kartellgründungen systematisch. „Die Industrie" wird, soweit das erkundet werden konnte, nur noch in Karlsruhe in den Bibliotheksbeständen geführt.

[61] *Liefmann, R.*, Die Unternehmerverbände. 1897; derselbe, Kartelle und Trusts und die Weiterbildung der volkswirtschaftlichen Organisation. 1922, 5. Auflage.

des Kapitalismus“ [62] nennt und die Schriften *Pohles* [63], der sich insofern wohltuend von den anderen unterscheidet, als er sich sehr kritisch gegenüber den Kartellen verhält und klar ausspricht, daß das Profitstreben gerade in den Monopolen zu erhöhter Wirksamkeit komme.[64]

In die Zeit kurz vor der Jahrhundertwende fallen auch die Bemühungen des Vereins für Sozialpolitik, in fünfzehn Schilderungen „Über wirtschaftliche Kartelle in Deutschland und im Ausland“ [65] zu dem Versuch beizutragen, Klarheit über die Kartelle zu erhalten. Diese vorsichtige Formulierung entspricht ganz dem Inhalt der Vorrede, die Gustav *Schmoller* dem Band voranstellte. Er schreibt dort u. a., daß es sehr schwierig war, „die rechten Bearbeiter zu gewinnen, weil die sachverständigen und eingeweihten praktischen Kenner der Sache ... auch meist nichts von dem verraten wollen und dürfen, was sie als Geschäftsgeheimnis betrachten, die Schriftsteller (Nationalökonomen, Handelskammersekretäre etc.) ... einen Einblick in die intimen inneren Vorgänge sich nicht verschaffen können“.[66] Auf Vorschlag Brentanos wurden dann an etwa 40 deutsche Kartelle Schreiben des Vereins gerichtet, in denen dieser um Übersendung einschlägiger Materialien — Statuten, Verabredungen — bat. Resigniert stellt Schmoller fest: „Der Erfolg war fast gleich null ... die Antworten der meisten Herren lauteten einfach, die Veröffentlichung sei nicht möglich.“ [67] Dieser lapidare Satz sagt alles: Die Monopole haben sich damals nicht in die Karten gucken lassen und tun das auch heute nicht — trotz der kindlich — aufbegehrenden Forderung Schmollers: „Die Leiter der Kartelle müssen endlich einsehen lernen, daß sie keine Veilchen sind, die im Verborgenen blühen können.“ [68] Diese eklektizistische „sowohl — als auch — Politik“ der im Verein für Sozialpolitik organisierten Anhänger der jüngeren historischen Schule — sowohl ein bißchen gegen die Monopole als auch, und das vor allem gegen die politischen Forderungen der Arbeiterklasse — mußte letztlich, gewollt oder nicht, die großen Kapitalisten nur begünstigen.

Erwähnenswert in der Rolle der Kartellschriftsteller bis um 1900 ist schließlich *Vogelstein* [69], auf dessen Arbeiten Lenin des öfteren Bezug nimmt.

Die Frage nach den „Ursachen der Kartellierung“ hat in der Literatur von Beginn an einen großen Raum eingenommen. Selbst ein bürgerlicher Ökonom wie Wolfers muß dabei feststellen: „In der Literatur wird im allgemeinen das Streben nach Monopolgewinn als Kartellursache nicht oder nur in zweiter Linie erwähnt“ [70]. „Die Erklärung“ Kleinwächters, daß die Kartelle „Kinder der Not“ seien, wird — gedankenlos oder sehr bewußt — von fast allen Kartellschriftstellern wiederholt. Ganz offensichtlich wurde diese „Theorie“ unter dem Eindruck der in großer Zahl

[62] *Lenin, W. I.*, a. a. O., S. 787.
[63] *Pohle, L.*, Die Kartelle der gewerblichen Unternehmer. 1898.
[64] *Pohle, L.*, a. a. O., S. 1, 45, 88 u. s. f.
[65] Band LX der „Schriften des Vereins für Sozialpolitik“. Leipzig 1894.
[66] a. a. O., S. V. [67] a. a. O., S. VII. [68] Ebenda.
[69] Benutzt wurde seine Schrift „Die Industrie der Rheinprovinz 1888–1900“. 1902.
[70] *Wolfers, A.*, a. a. O., S. 21.

nach 1879 emporschießenden Kartelle aufgestellt. Die Krise und die ihr folgenden Depressionsjahre hatte dafür eine günstige Grundlage geschaffen.
Im einzelnen sind jedoch die zum Teil parallel laufenden, teils sich schroff gegenüberstehenden Meinungen der Kartelltheoretiker hinsichtlich der Ursachen der Kartellierung für unser Thema uninteressant. Wichtig erscheint uns nur der des öfteren geäußerte Zusammenhang zwischen Schutzzollpolitik und Kartellbildung.
Liefmann, der diesem Problem eine besondere Schrift gewidmet hat [71], war schon in seiner Arbeit über „Die Unternehmerverbände" darauf eingegangen. Er bemerkt zunächst, daß der „große Krach" von 1873 bzw. die ihm folgende Depression zum Anlaß einer allgemeinen Kartellbewegung wurde. Allerdings dürfe man die Bedeutung dieses Ereignisses für die Kartellierung nicht überschätzen, da „schon lange vor dem Krach Kartelle existierten" [72]. Dieser Ansicht muß man beipflichten. Denn wollte man die Krise allein für die Entstehung monopolistischer Organisationen verantwortlich machen, dann würde es unverständlich bleiben, warum z. B. nicht auch die zyklische Krise des Jahres 1857 solche Erscheinungen in ihrem Gefolge mitführte.
Der Zusammenhang zwischen Krisen und Monopolbildung ist von *Lenin* grundsätzlich geklärt worden: „Die Krisen – jeder Art, am häufigsten ökonomische Krisen, aber nicht nur diese allein, verstärken ihrerseits aber in ungeheurem Maße die Tendenz zur Konzentration und zum Monopol." [73] Aber diese Tendenz kann sich erst dann verstärkt durchsetzen, wenn sich die objektiven Grundlagen für die Monopolisierung soweit herausgebildet haben, daß es nur noch eines Anstoßes bedarf, um den Sprung von der freien Konkurrenz zum Monopol zu tun. Diese Bedingungen waren erst 1873 gegeben. Andererseits hat die Tatsache, daß das plötzliche starke Anwachsen der Zahl der Kartelle nicht unmittelbar nach 1873, sondern erst nach 1879 zu beobachten ist, bei bürgerlichen Ökonomen vielfach zu der Schlußfolgerung geführt, daß die Ursache für die Monopolisierung allein in der Schutzzollgesetzgebung zu suchen sei. Man wird aber Liefmann Recht geben müssen, wenn er meint, „daß die zahlreichen, kurz nach der Einführung der Schutzzölle zustande gekommenen Kartelle in ihren Anfängen auf die Zeit vor 1879 zurückgehen, und daß nur die infolge der ausländischen Konkurrenz mangelnde Aussicht auf Erfolg ihr früheres Zustandekommen hinderte" [74]. In dem Augenblick nun, da die ausländische Konkurrenz durch die Errichtung hoher Schutzzollschranken, wenn auch nicht vollkommen vom deutschen Markt verdrängt, so doch in ihren Absatzbestrebungen stark behindert wurde, war die Möglichkeit zu Monopolbildungen in fast allen Zweigen der Eisen- und Stahlindustrie gegeben.

[71] *Liefmann, R.*, Schutzzoll und Kartelle. 1903.
[72] *Liefmann, R.*, Die Unternehmerverbände, 1897, S. 51.
[73] *Lenin, W. I.*, a. a. O., S. 788.
[74] *Liefmann, R.*, a. a. O., S. 52.

Der Sozialdemokrat Schoenlank [75] hatte schon sieben Jahre vor Erscheinen des Liefmannschen Buches das Gerede von den „Kartellen als Kindern der Not" mit dem Satz abgetan: „So hat man es in den Unternehmerverbänden nicht mit einem Kinde der Not, sondern mit einem Geschöpfe der Notwendigkeit zu tun." [76] Auch bei ihm findet sich die Meinung, daß das Schutzzollsystem zwar bei der Bildung von Kartellen Pate gestanden habe, „aber ihm die Vaterschaft an derselben zuzuschreiben, ist ein folgenschwerer Irrtum" [77]. Schoenlank war es auch, der die engstirnigen Versuche der „altgläubigen Freihändler", die Ursachen der Kartellbewegung zu ergründen, vom marxistischen Standpunkt aus kritisierte — wenn auch nicht übersehen werden kann, daß sich bestimmte revisionistische Gedankengänge dabei einschlichen. Er stellt fest, daß man mit dem bequemen Mittel, Schlagworte zu Hilfe zu rufen, „anstatt die ursächliche Verkettung der Vorgänge zu ergründen",[78] keinen Schritt weiter komme. Die „liberalisierenden Ökonomen" würden sich zwar scharf gegen „gewisse Folge- und Begleiterscheinungen des heutigen Systems" wenden, es käme ihnen aber gar nicht in den Sinn, „die heutige Produktionsweise selbst auf ihren Inhalt und ihre Ziele zu prüfen".[79]
Darum würden sie solche Erscheinungen wie Schutzzölle und Kartelle als „naturwidrige Störungen des wirtschaftlichen Kreislaufes" angreifen, ohne sich darüber Gedanken zu machen, ob nicht bestimmte gesetzmäßige Vorgänge die Ursache dafür bildeten.
Leider sind solche von der Position des Marxismus geführte Untersuchungen in der Sozialdemokratie nach 1900 recht selten geworden. Je mehr die rechten Führer — vor allem der deutschen Sozialdemokratie — und die nicht geringe Zahl sogenannter Theoretiker den Revisionisten vom Schlage eines Bernstein folgten, um so oberflächlicher wurden ihre Darstellungen ökonomischer Prozesse, um so mehr arbeiteten sie der Bourgeoisie in die Hände. Als nach dem kurzen, scheindemokratischen Zwischenspiel — der sogenannten Entflechtungsaktion — in Westdeutschland die Monopolisierung nie gekannte Ausmaße erreichte, hatten die sozialdemokratischen Theoretiker wahrlich allen Grund, im Interesse der Arbeiterklasse auf die drohenden Gefahren aufmerksam zu machen, die sich für die Werktätigen Westdeutschlands aus dieser Situation ergaben. Den Menschen die Augen öffnen konnte man aber nur dann, wenn man sich einer wirklich marxistischen

[75] Die Behandlung sozialdemokratischer Ansichten (vor 1900) zum Monopolproblem kann hier vernachlässigt werden, weil zu diesem Thema eine größere Arbeit erschienen ist, die die Stellung der deutschen Sozialdemokratie zu den „aufkommenden Wirtschaftsmonopolen" untersucht. Obzwar wir die dort vertretenen Meinungen nicht in allem teilen, erklären wir uns doch mit der Einschätzung Schoenlanks als eines „revolutionären Marxisten" einverstanden und pflichten der Verfasserin bei, wenn sie den Opportunisten und Revisionisten Schippel des Verrats an der Arbeiterklasse bezichtigt.
Siehe *König, E.*, Die deutsche Sozialdemokratie und die aufkommenden Wirtschaftsmonopole. Dietz Verlag, 1958.

[76] *Schoenlank, B.*, Die Kartelle. In: Archiv für soziale Gesetzgebung und Statistik, Dritter Band, 1890, S. 493.

[77] *Schoenlank, B.*, a. a. O., S. 496. [78] *Schoenlank, B.*, a. a. O., S. 495. [79] Ebenda.

Analyse all dieser Vorgänge zuwandte, sich vor allem Lenins „Imperialismus" erinnerte, um von dieser Basis aus das gegenwärtige Geschehen zu untersuchen. Doch es geschah nichts – was nicht heißen soll, daß nicht Artikel, Broschüren und Bücher in großer Zahl veröffentlicht worden wären. Aber: „Wenn wir die theoretischen Darlegungen sozialdemokratischer Ökonomen zur Monopolfrage noch einmal zusammenfassend überblicken, dann wird ihre völlige Unzulänglichkeit offenbar." [80] Oberflächlich, ohne den ökonomischen Gesetzmäßigkeiten nachzuspüren, die Herrschaft der Monopole verniedlichend, auf jede wirklich revolutionäre Maßnahme gegenüber dem Treiben der Monopole verzichtend: in dieser Gestalt zeigen sich heute die „Theorien" sozialdemokratischer Experten. Die Schlußfolgerung aus einer solchen Erkenntnis kann darum für die marxistischen Ökonomen nur lauten, ihr ganzes Wissen daran zu setzen, um allen apologetischen Lehrmeinungen die Konsequenz der marxistischen Politischen Ökonomie entgegenzuhalten, die Lehren aus der Geschichte des deutschen Imperialismus zu ziehen und die Vergangenheit, die heute in Westdeutschland noch Gegenwart ist, endgültig zu überwinden.

[80] *Stollberg, R.*, Sozialdemokratische Auffassungen zum Monopolproblem. In: „Monopoltheorie-Monopolpraxis". Verlag Die Wirtschaft, 1958, S. 70.

KAPITEL III

DER EINFLUSS DER SCHUTZZÖLLE AUF DIE MONOPOLBILDUNG IN DER DEUTSCHEN EISEN- UND STAHLINDUSTRIE

Der Beweis für die Richtigkeit einer Theorie liegt in der Praxis. Die in diesem Kapitel vorzunehmenden Untersuchungen müssen deshalb darüber entscheiden, ob die in der Zusammenfassung zu Kapitel II vertretenen Thesen dem wirklichen Gang der Monopolisierung in Deutschland entsprechen oder nicht. Dabei wird es sich zeigen, daß der Beweis für diese oder jene Behauptung nicht in direkter Form geführt werden kann, weil neben der Schutzzollpolitik auch andere Faktoren wirksam waren, die gleichsam als Katalysatoren bei der Bildung monopolistischer Verbände anzusprechen sind. Das heißt, Wirkungsgrad und -kreis solcher Momente wie technische Neuerungen (z. B. die Einführung des Thomasverfahrens im Jahre 1879), die verschiedenartige Gestaltung der Eisenbahnfrachttarife und die schutzzöllnerische Wirtschaftspolitik sind nicht genau zu bestimmen bzw. abzugrenzen. Sie ergänzen einander und durchdringen sich gegenseitig. Das um so mehr, als gerade in der stahlerzeugenden Industrie das zeitliche Zusammenfallen einer sprunghaften Entwicklung der Produktivkräfte mit dem Übergang von der Freihandels- zur Schutzzollpolitik zu beobachen ist.
Die erste Aufgabe besteht darin nachzuweisen, ob – wie in These 1 behauptet worden war – der Schutzzoll tatsächlich den Ausschluß der ausländischen Konkurrenz vom nationalen Markt mit sich bringt. Die Einfuhrzahlen sollen darüber Auskunft geben.

1. Die Entwicklung der Einfuhr von Roheisen, Halbfabrikaten und Fertigwaren der Eisen- und Stahlindustrie unter dem Einfluß der Schutzzölle

Ein Blick auf die Entwicklung der Einfuhr von Roheisen[1] in den Jahren von 1878 bis 1892 läßt zunächst einen eindeutigen Zusammenhang zwischen dem

[1] Die folgenden Zahlen sind entnommen: Statistisches Handbuch für das Deutsche Reich. Teil I, S. 258/259/460, Teil II, S. 84–87, 460. Siehe auch die graphischen Darstellungen im Anhang, Anlage III.

Krisenzyklus und der Kurve der Einfuhrwerte erkennen. In den Jahren der Depression sinkt die Einfuhr ab, in der kurzen Phase des Aufschwungs steigt sie an. Gegenüber dem Basisjahr 1878 geht der Import bis zum Jahre 1880 zunächst auf 232 000 t zurück, steigt dann wieder bis auf 283 000 t (1882) an und zeigt erneut eine sinkende Tendenz, die mit 157 000 t im Jahre 1887 ihren Tiefpunkt findet.

In der Aufschwungphase erreicht die Einfuhr im Jahre 1890 ihren Höhepunkt mit 385 000 t, um dann im ersten Krisenjahr (1891) auf 244 000 t und 1892 auf 209 000 t zu fallen.

Vergleicht man im Zeitraum von 1878 bis 1892 die Maximalwerte der Einfuhr, so liegt sie im Jahr 1890 (= 385 000 t) mit 19 000 t über der Einfuhr des Jahres 1879 (= 366 000 t). Daraus den Schluß zu ziehen, daß der Zoll auf Roheisen gar nicht wirksam gewesen sei, wäre jedoch falsch. Während nämlich im Jahre 1878 das Ausland an der Deckung des deutschen Bedarfs mit rund 20 % beteiligt war, sank der Anteil ausländischen Roheisens im Jahre 1890 auf 8 % ab. Die deutsche Roheisenproduktion hatte sich im Laufe der Jahre 1878—1892 von 2 148 000 t auf 4 658 000 t erhöht. Die Bedeutung des importierten Roheisens für den deutschen Gesamtverbrauch ist also wesentlich geringer geworden. Den weitaus größten Anteil an der Roheiseneinfuhr Deutschlands nahm das englische Roheisen ein, das wiederum fast nur aus Gießereiroheisen bestand.

Es ergibt sich also die Tatsache, daß sich die deutschen Roheisenproduzenten auf dem heimischen Markt keinem ernsthaften Konkurrenten gegenübersahen. Diese Erkenntnis gilt uneingeschränkt für die Produzenten von Bessemer- und Thomasroheisen, die im Jahre 1878 448 000 t, dagegen 1892 2 690 000 t produzierten — eine Steigerung um 590 % —, gilt mit nur geringen Vorbehalten aber auch für jene Werke, die Gießereiroheisen herstellten. Deren Produktion war nämlich trotz der relativ umfangreichen Einfuhr englischen Gießereiroheisens von 112 000 t im Jahre 1878 auf 712 000 t im Jahre 1892 angewachsen, was einer Steigerung um rund 640 % gleichkam. Der Puddelprozeß dagegen ist im Laufe der Zeit vollkommen verdrängt worden. Die Ursache dafür liegt jedoch nicht in zollpolitischen Maßnahmen, sondern ist einzig und allein dem stürmischen Wachstum der Produktion jener Roheisensorten geschuldet, die infolge der Einführung neuer technischer Verfahren bedeutend billiger hergestellt werden konnten.

Von dieser Seite her waren darum die Vorbedingungen für eine schnellere Kartellierung durchaus gegeben.

Die Zölle auf Halbfabrikate, Handelseisen, Draht, Bleche und Platten sind im Jahre 1879 vor allem deshalb in den Zolltarif aufgenommen worden, weil der hohe Roheisenzoll eine Minderung der Konkurrenzfähigkeit jener Werke zur Folge gehabt hätte, die die genannten Waren produzierten. Schon in den 70er Jahren überstieg die Produktion von Stabeisen, Schienen, Draht, Blechen und Platten den deutschen Bedarf bei weitem. Die Einfuhr dieser Erzeugnisse in dem Jahrzehnt vor Inkrafttreten des neuen Zolltarifs spielte nur eine geringe Rolle. Bei Stabeisen machte der Import ungefähr 2 % der deutschen Produktion aus, bei Blechen waren es im Jahre 1878 4½%, bei Draht 1,7%.[2] Nach 1879 änderte sich an diesem Bild im wesentlichen nichts. Die Einfuhr von Stabeisen blieb auf dem früheren Niveau[3], bei Platten und Blechen ging sie allerdings etwas stärker zurück, während der Anteil des Imports am Gesamtbedarf bei Draht denselben Raum einnahm wie im Jahre 1878.[4] Das gleiche gilt für die Einfuhr von Trägern, Eck- und Winkeleisen. Ausländische Stahlfabrikate (Ingots) fanden nach 1879 infolge der großen Ausdehnung der Produktion von Thomasstahl immer weniger Verwendung.

Anders lagen die Dinge bei der Einfuhr von Schienen. Infolge der enormen Überproduktion in den 70er Jahren war die Forderung der Eisenindustriellen nach Schutzzöllen für dieses Eisenbahnmaterial nächst denen auf Roheisen am lautesten erklungen. Der Zoll wurde ihnen dann auch mit 25 Mark pro Tonne gewährt. Daraufhin sank die Einfuhr ganz erheblich ab, von 45 000 t im Jahre 1878 auf 1279 t (!) im Jahre 1880. Mit Ausnahme einiger Jahre (1887 = 10 779 t, 1891 = 15 773 t) blieb die Einfuhr weiterhin minimal. Es ist jedoch zu beachten, daß die Produktion von Schienen im Gegensatz zu fast allen anderen Erzeugnissen aus Eisen und Stahl in den Jahren von 1878 bis 1892 nur geringfügig anwuchs, gegenüber 1873/74 sogar zurückging.

Der Grund dafür liegt nicht einfach in den fehlenden Absatzmöglichkeiten, sondern in der Existenz der Schienengemeinschaft, die imstande war, die Produktion dauernd stark einzuschränken und sie unter dem Niveau von 1873/74 zu halten. Vor allem machte sich dieses Kartell die staatlichen Bestellungen zunutze, die selbst dann an deutsche Werke vergeben wurden, wenn deren ausländische Konkurrenten billigere Angebote machten. Es lag gleichfalls in der Macht der Schienengemeinschaft, die Preise auf dem deutschen Markt zumindest um den vollen Zollbetrag über den Weltmarktpreisen zu halten.[5]

Die Einfuhr der in Position 6a 1 des Zolltarifs genannten Waren (ganz grobe Gußwaren, Gußstücke für den Maschinenbau, Röhren u. a.) ist auf Grund des Zollschutzes von 25 Mark pro t nach 1879 ebenfalls zurückgegangen. Dieser Zoll richtete sich im besonderen gegen die französischen Ausfuhrprämien, mit deren Hilfe die französischen Werke ihren Export bis dahin erhöhen konnten.[6] Die deutsche Gesamtproduktion von Gußwaren verhielt sich nach 1879 zur Einfuhr ungefähr wie 100 : 2.[7]

Gewalzte und gezogene Röhren (Position 6e 1) waren mit einem Zoll von 50 Mark pro t belegt worden. Auch hier führte der Zoll zu dem gewünschten Ergebnis: Die Einfuhr sank stark ab, Produktion und Ausfuhr stiegen dagegen enorm an. Diese günstige Situation wurde von dem im Jahre 1882 gebildeten Gasröhrenkartell ausgenutzt, um die Preise auf dem nationalen Markt hochzuhalten.[8]

[2] *Kestner, F.*, Die deutschen Eisenzölle 1879–1900. 1902, S. 51.
[3] *Kestner, F.*, a. a. O., S. 53.
[4] *Kestner, F.*, a. a. O., S. 54.
[5] *Kestner, F.*, a. a. O., S. 67/68.
[6] *Kestner, F.*, a. a. O., S. 77.
[7] *Kestner, F.*, a. a. O., S. 78.
[8] *Kestner, F.*, a. a. O., S. 82/83.

Damit haben wir aber auch schon die Eisenwaren kennengelernt, deren Einfuhr zugunsten der deutschen Kapitalisten innerhalb dieser Branche zurückging. Weder für die feineren Eisenwaren noch für die große Gruppe der hier nicht besonders erwähnten groben Waren läßt sich eine wesentliche Änderung in dem Gesamtbild der Einfuhr konstatieren. Der Import war schon vor 1879 gering, und daran änderte der Zollschutz auch nichts.

Es läßt sich also zusammenfassend feststellen: Der Schutzzoll hat tatsächlich zu einer zum Teil erheblichen Verminderung des Imports ausländischer Eisen- und Stahlwaren geführt. Wenn – wie beim Roheisen – kein absoluter Rückgang der Einfuhr zu beobachten ist, dann ist doch aber die relative Abnahme der Einfuhrwerte eindeutig. Zeigen sich weder absolute noch relative Veränderungen, dann kann mit Gewißheit gesagt werden, daß es sich um die Einfuhr von solchen Waren handelt, die schon vor 1879 nur in geringen Quantitäten auf dem deutschen Markt angeboten wurden.

Die Schlußfolgerung lautet demnach: Der Schutzzoll hat zu der gewünschten Einengung der ausländischen Konkurrenz geführt, eine der Vorbedingungen für eine schnellere Monopolisierung ist geschaffen.

2. Der Konzentrationsprozeß in der deutschen Eisen- und Stahlindustrie [9]

Die Monopolisierung geht dort am leichtesten vonstatten, wo die Zahl der Konkurrenten sowohl des gleichen Produktionsgebietes als auch des Auslands eine geringe ist. Die Ausschaltung der ausländischen Konkurrenz bzw. die Herabminderung ihres Einflusses auf dem deutschen Markt war durch die Schutzzollgesetzgebung in gewissem Maße erreicht worden. Aber noch gab es einen erbitterten Konkurrenzkampf im Rahmen des Kapitalismus der freien Konkurrenz zwischen den Hütten, den Stahl- und Walzwerken und den Maschinenfabriken Deutschlands.

Hier mußte der Schutzzoll zunächst wirkungslos bleiben; wohlbemerkt: zunächst, denn im weiteren Verlauf der Monopolisierung läßt sich beobachten, wie die schutzzöllnerische Wirtschaftspolitik über verschiedene Zwischenglieder auch an der Ausschaltung der freien Konkurrenz im Innern des Landes beteiligt ist. Zu Beginn der Phase des Übergangs zum Imperialismus jedoch muß das Wirken des Gesetzes der Konzentration und Zentralisation der Produktion und des Kapitals analysiert werden. Wir müssen die Frage beantworten: Hat das Wirken dieses Gesetzes die Konzentration schon bis zu jener Stufe geführt, wo sie von selbst ins Monopol umschlägt? Ist die Vernichtung, Stillegung und Aufsaugung einer großen Zahl von Betrieben schon so weit gediehen, daß die Möglichkeit zur Einigung und zum gemeinsamen Handeln der verbliebenen Unternehmen gegeben war?

Überblickt man die letzten 30 Jahre des vorigen Jahrhunderts und vergleicht Ausgangs- und Endpunkt in der Entwicklung der Zahl der Hochofenwerke, so zeigt

[9] Siehe hierzu die Tabellen und graphischen Darstellungen im Anhang, Anlagen IV und V.

sich ein ungefähr gleichlaufender Trend nach unten. Im Jahre 1871 gab es in Deutschland 213 Hochofenwerke; 1899 waren es nur noch 108 (51 %). Hochöfen gab es im Jahre 1871 395, zu Ausgang des Jahrhunderts dagegen nur 285 (72 %); davon befanden sich im Basisjahr 1871 306 in Betrieb, während 1899 263 genutzt wurden (86 %).

Sowohl die Hochofenwerke als auch die vorhanden gewesenen und in Betrieb befindlichen Hochöfen nahmen also an Zahl laufend ab. Die Roheisenproduktion dagegen stieg von 1871 bis 1899 um 520 % an. Das bedeutet, daß die Kapazität der Werke im Jahre 1899 das Zehnfache dessen betrug, was sie 1871 produzieren konnten und daß im Durchschnitt ein Hochofen des Jahres 1899 sechsmal mehr Roheisen erzeugen konnte als zu Beginn des Vergleichszeitraumes.

Diese Zahlen sind geeignet, die enorm anwachsende Produktion von Roheisen zu demonstrieren – trotz der Tatsache, daß sich Deutschland im Übergangsstadium vom Kapitalismus der freien Konkurrenz zum Imperialismus befand.

Nimmt man als Basisjahr wiederum 1871, als Vergleichsjahr aber 1879, dann fällt auf, daß die Zahl der Hochofenwerke bereits um 40 %, die der vorhandenen Hochöfen um 26 % und die der in Betrieb gewesenen Hochöfen um 31 % gesunken war. Daraus resultiert erstens, daß die Krise „ganze Arbeit" geleistet hatte und zweitens, daß die Bedingungen zur Kartellierung zur Zeit der Einführung der Schutzzölle bedeutend günstiger waren als im Jahre 1871.

Die kurze Periode des Ansteigens der Zahl aller drei technischen Einheiten von 1879 bis 1880 bei den Hochofenwerken, von 1879 bis 1883 bei den Hochöfen, erklärt sich aus dem Einfluß der Erfindung und technischen Nutzanwendung des Thomasverfahrens in Deutschland.

Ein ungefähr gleiches Bild ergibt sich zunächst bei der Betrachtung der Entwicklung in dem Bereich der Puddelstahl- und Walzwerke. 1877 gibt es in Deutschland 374 solcher Werke, 1899 sind es nur 175 (47 %). Aber: Während die Gesamtproduktion an Erzeugnissen aus Schweißstahl im Jahre 1877 = 1 086 000 t ausmacht, ist sie bis zum Jahr 1888 nur auf 1 204 000 t (111 %) angewachsen. Diese Werke haben infolge der Einführung des Bessemer- und vor allem des Thomasverfahrens immer mehr an Bedeutung verloren und können darum auch in der Bewertung vernachlässigt werden.

Ganz anders dagegen ist die Entwicklung der Flußstahl produzierenden und verarbeitenden Werke zu beurteilen. Im Jahre 1877 zählt man in Deutschland 54 dieser Stahl- und Walzwerke; 1899 sind es 177 (328 %). Deren Produktion steigt im Vergleichszeitraum von 411 000 t (1877) auf 6 328 000 t (1899) = 1540 %! Diese Werte spiegeln die enorme Bedeutung der Erfindung der Engländer Thomas und Gilchrist für die Stahlfabrikation wider. Man kann darum für diesen Zweig der Schwerindustrie im Gegensatz zur Herstellung von Roheisen von keinen günstigen Vorbedingungen für die Monopolisierung sprechen. Und in der Tat zeigt es sich, daß die versuchte Bildung von Kartellen und Syndikaten der Stahlwerke bis zum Jahre 1894 ohne wesentliche Erfolge geblieben ist. Erst 1895 entsteht die erste Konvention von Halbzeugproduzenten. Einen zweiten Grund für die relativ späte Monopolisierung sieht Kuczynski in folgendem: „Die Monopolisierung der Stahlindustrie begegnete größeren Schwierigkeiten vor allem deswegen, weil die Industrie vielfältiger in ihrer Produktion und im Aufbau war als die Kohlen- oder Eisenindustrie. Die Vielfältigkeit der Produktion erschwerte den Zusammenschluß insofern, als stärker auseinandergehende Interessen zusammengefaßt werden mußten. Ein viel ernsteres Hindernis für den Zusammenschluß aber war die Verschiedenheit der Stahlindustrie im Aufbau. Manche Werke waren reine Stahlwerke, andere besaßen Eiseninteressen und andere wieder Eisen- und Kohleninteressen." [10]

Sehr oft aber wurden die Stahlwerke zum Ausgangspunkt für die Bildung gemischter Betriebe, die z. B. gegenüber den reinen Walzwerken den Vorteil hatten, nicht auf die teuren Rohmaterialien der Kohlen- und Eisensyndikate angewiesen zu sein.

Es läßt sich im Hinblick auf die Vorbedingungen zur Monopolbildung zusammenfassend feststellen, daß der Konzentrationsprozeß vor allem in der eisenschaffenden Industrie den Weg zur Kartellierung geebnet hatte. Die Zahl der Konkurrenten war auf die Hälfte reduziert worden. Die Stahlwerke dagegen hatten an Zahl, aber auch an Umfang bedeutend zugenommen, desgleichen die Walzwerke, deren Verbandsbildung jedoch, im Gegensatz zu den Stahlwerken, schon relativ früh, nämlich in der Mitte der 80er Jahre, begann und sehr bald zu größeren monopolistischen Vereinigungen führte.

3. *Wie hat sich die Bildung von Kartellen und Syndikaten unter dem Einfluß des Schutzzolls und seiner direkten Auswirkungen vollzogen?* [11]

Die bisherigen Untersuchungen führten uns zu dem Ergebnis, daß die freie Konkurrenz der Eisen- und Stahlfabrikanten auf dem deutschen Markt eine beträchtliche Einengung erfahren hatte. Auf welchem Wege und wann — immer unter dem Aspekt des Einflusses des Schutzzolls — hat sich nun der Umschlag zum Monopol vollzogen?

Diese Frage zu beantworten fällt darum nicht leicht, weil es zumindest für die Zeit bis 1900 keine wirklich genauen Angaben über die Zahl der Kartelle und Syndikate, ihre Entstehung und ihre Auflösung gibt. Erst für das Jahr 1903 wird von H. Voelcker ein „Bericht über das Kartellwesen in der inländischen Eisenindustrie für die im Reichsamt des Innern stattfindenden kontradiktatorischen Verhandlungen über Kartelle der Eisenindustrie" gegeben,[12] den man wohl als die umfassendste Darstellung auf diesem Gebiete ansehen darf. Jedoch bietet dieser Bericht nur eine „Übersicht über die zur Zeit bestehenden Konventionen, Kartelle und Syndikate in der inländischen Eisenindustrie", ohne auf deren Entwicklung im einzelnen einzugehen. Man ist darum für die Zeit vor 1900 im wesent-

[10] *Kuczynski, J.*, Studien zur Geschichte des deutschen Imperialismus. Band I. S. 129/130.
[11] Siehe die Zusammenstellung im Anhang, Anlage VIII.
[12] *Voelcker, H.*, ebenda.

lichen auf jene Angaben angewiesen, die Liefmann – zuerst in seinem Werk „Die Unternehmerverbände" – zusammengestellt hat und die von allen nachfolgenden Kartelltheoretikern immer wieder übernommen werden. Neben Liefmann ist vor allem Steinmann-Bucher zu nennen, der als Herausgeber des Industriellen-Organs „Die Industrie" seit 1882 die Kartellentwicklung verfolgt und in der Presse notiert hat.

Kuczynski faßt die verschiedenen Schätzungen der Zahl der Kartelle bis zum Jahre 1900 zusammen.[13] Als Autoritäten für diese Angaben nennt er Liefmann, Schoenlank, den Verein für Sozialpolitik, Philippovich und die Zeitschrift „Industrie". Bei näherem Hinsehen zeigt es sich jedoch, daß die Daten von Schoenlank und dem „Verein für Sozialpolitik" auch nur von Liefmann bzw. Steinmann-Bucher übernommen worden sind.[14] Mit welcher Skepsis man all diesen Kartelldaten gegenüberstehen muß, beweist die Tatsache, daß Liefmann für das Jahr 1890 210 Kartelle zählt, während „Die Industrie" für das gleiche Jahr nur 137 angibt.

Doch selbst wenn man in der Lage wäre, mit wirklich exakten Angaben aufzuwarten, würde uns das relativ wenig nützen, weil damit noch nichts über die Entwicklung der Kartelle speziell in der Eisenindustrie gesagt worden wäre. Die industrielle Gliederung der Monopole aber ist noch weniger vollständig angegeben als die Zahl der Kartelle überhaupt. Calwer gibt für das Jahr 1891 30 Kartelle in der Eisenindustrie an und stellt ihnen für 1897 34 Kartelle gegenüber.[15] Liefmann meint, daß bis zum Jahre 1897 80 Kartelle in der Eisenindustrie gebildet worden seien. Mißt man beiden Angaben Gleichwertigkeit zu, dann wäre daraus zu schlußfolgern, daß von den 80 insgesamt gegründeten Kartellen rund 50 wieder zusammengebrochen bzw. in dem Augenblick überflüssig geworden sind wo – wie beim 1886 gebildeten Rheinisch-Westfälischen Roheisenverband – Kartelle entstanden, die die Aufgaben ihrer Vorgänger übernahmen.

Diese Unsicherheit bzw. der Mangel an zuverlässigen Angaben in bezug auf die Kartellentwicklung ist des öfteren in der Literatur Gegenstand von Polemiken gewesen. Übereinstimmend wird festgestellt[16], daß die Kartelle sehr darauf bedacht seien, ihre Abmachungen usw. nicht zur Kenntnis der Öffentlichkeit gelangen zu lassen. Selbst der Minister für Handel und Gewerbe, v. Boetticher, muß sich

[13] *Kuczynski, J.*, Studien ..., Band I. S. 85/86.

[14] Siehe z. B. die Angaben Buchers in seinem Referat über „Die wirtschaftlichen Kartelle" vor dem „Verein für Sozialpolitik" am 28. 9. 1894. Für die Jahre 1887–1890 bezieht derselbe sich in bezug auf die Angaben über die Zahl der Kartelle auf „Die Industrie". Band LXI der Schriften des Vereins f. Sozialpolitik, S. 143.

[15] *Calwer, R.*, In: „Soziale Praxis", VI. Jahrgang, S. 828, zitiert bei *Pohle, L.*, a. a. O., S. 79.

[16] *Schoenlank, B.*, Die Kartelle. In: „Archiv für soziale Gesetzgebung und Statistik". 1890, S. 489.
Pohle, L. a. a. O., S.78.
Schmoller, G., In der schon erwähnten Vorrede zu Band LX der „Schriften des Vereins für Sozialpolitik" u. a.

vom Generalsekretär des „Statistischen Verbandes der Walzdrahtfabrikanten“, Buock, zu Beginn des Jahres 1884 sagen lassen, daß er ihm (Boetticher) die gewünschten Materialien über das genannte Kartell nicht übersenden könne, da er zur Geheimhaltung verpflichtet worden sei und die Unterlagen „für weitere Kreise nicht bestimmt“ seien.[17] Das wird einem Manne geantwortet, von dem zumindest die Eisenindustriellen wissen mußten, daß er ein eifriger Befürworter aller monopolistischen Bestrebungen war.

Neben dem Mangel an konkreten Daten ist es aber auch das unübersehbare Netz lokaler, für die gesamte Volkswirtschaft unbedeutender Konventionen, Verbände und Kartelle, das eine genaue Erfassung all dieser monopolistischen Organisationen unmöglich macht.

Doch trotz aller Differenzen in den verschiedenen Angaben über die Zahl der Kartelle und trotz aller sonstigen Mängel in der Kartellstatistik glauben wir, daß die vorhandenen und mehrfach bestätigten Daten über jene Kartelle und Syndikate der Eisen- und Stahlindustrie, wie sie im Anhang zusammengestellt wurden, ausreichen, um die theoretische Analyse über den Zusammenhang zwischen Schutzzöllen und Monopolen durch die praktische Beweisführung ergänzen zu können.

Abgesehen von frühen Kartellierungsversuchen, die schon in den 40er Jahren des 19. Jahrhunderts in der Roheisenindustrie unternommen wurden, begegnet man den ersten Verbänden im wesentlichen vom Jahre 1879 ab. Es ist ganz offensichtlich, daß es hier bestimmte Zusammenhänge zwischen der gerade erfolgten Schutzzollgesetzgebung und der Monopolbildung gibt. Die im Anhang zusammengestellten Daten und Angaben über die Kartellgründungen in den wichtigsten deutschen Produktionsgebieten lassen erkennen, daß während der Jahre 1879 bis 1883 eine Reihe von Kartellen und Syndikaten entstehen, die es sich zunächst grundsätzlich zur Aufgabe machen, gemeinsame Preise und einheitliche Verkaufsbedingungen festzulegen. Oft geht damit einher der Beschluß, die Produktion um 10–15 % einzuschränken. In nur einem Fall – beim „Lothringisch-Luxemburgischen Comptoir für den Verkauf von Roheisen“ – wird bereits der Verkauf nach dem Ausland gemeinsam geregelt. Im letzteren Fall handelt es sich also schon um ein Syndikat, wahrscheinlich das zu diesem frühen Zeitpunkt festgefügteste. Es ist deshalb für uns von besonderem Interesse, weil sich hier ganz klar nachweisen läßt, daß es unter dem Eindruck sowohl der Schutzzölle als auch der Einführung des Thomasverfahrens zustande kommt. Der Anstoß von der Seite der Technik her führt bei diesem „Comptoir“ darum zu so großen Erfolgen, weil die im Lothringer-Luxemburger Montanrevier lagernden Minette-Erze sich vorzüglich zur Verwertung beim Thomasprozeß eignen. Daraus resultierte schon ein sogenanntes natürliches Monopol in der Roheisenindustrie, das um so besser wahrgenommen werden konnte, als die Einführung der Schutzzölle den notwendigen Rückhalt gegenüber dem Ausland gab. Darum ist es auch nicht verwunderlich, daß im Gegensatz zu den meisten dieser bis 1883 zustande gekommenen Kartelle

[17] DZA Merseburg, Rep. 120 C (Ministerium für Handel und Gewerbe), Abt. VIII, Fach 1, Nr. 65, vol. 1, Akten betreffend den Handel mit Eisen und Stahl.

und Syndikate das letztgenannte nicht wieder auseinanderfällt, es im Jahre 1886 sogar zu einem neuen Vertragsabschluß kommt, der schon bedeutend festere Verbindungen vorsieht.

Allgemein gilt für diese monopolistischen Verbände bis zur Mitte der 80er Jahre, daß sie unter dem Einfluß und dem Eindruck des erhöhte Profite verheißenden Schutzzolls zustande kommen, jedoch keinesfalls über den Rahmen ihres Gebietes hinauswirken. Es sind also noch keine „deutschen“ Kartelle und Syndikate, sondern solche des rheinisch-westfälischen Industriebezirks, des Siegener Gebietes, des Lothringisch-Luxemburgischen Montanreviers usw. Sie machen sich gegenseitig heftige Konkurrenz und sind damit nicht in der Lage, ihrem eigentlichen Zweck, die Preise hoch zu halten, gerecht zu werden. So setzt die „Qualitäts-Puddeleisen-Konvention“ rheinisch-westfälischer und nassauischer Hochofenwerke Kampfpreise gegen die Konkurrenz der Siegerländer Hütten fest. Zwar gibt es schon seit Ende 1882 Abmachungen zwischen den Syndikaten beider Bezirke; aber sie werden doch oft genug durchbrochen.

Fest steht ferner, daß es selbst innerhalb der einzelnen deutschen Gebiete immer noch genügend Außenseiter gibt, die den Verbänden ernsthafte Konkurrenz machen.

Man kann deshalb die These vertreten, daß bis zur Mitte der 80er Jahre des 19. Jahrhunderts keine Verbände – vielleicht mit Ausnahme des schon genannten „Lothringisch-Luxemburgischen Comptoirs“ – entstanden sind, die wirklich zu marktbeherrschenden Faktoren im Konkurrenzkampf wurden. Die meisten von ihnen lösen sich nach relativ kurzer Zeit wieder auf oder sind so lose Konventionen, daß die aus ihnen entspringenden Vorteile, d. h. Profitsteigerungen, gering sind.

Zu bedeutenderen Zusammenschlüssen kommt es vom Jahre 1886 ab. Zu diesem Zeitpunkt bildet sich der „Rheinisch-westfälische Roheisenverband für Gießerei-, Bessemer-, Thomas- und Qualitätspuddeleisen“ mit dem Sitz in Düsseldorf, eine Vereinigung von 17 Hochofenwerken, die sämtliche Roheisensorten mit Ausnahme des qualitativ hochwertigen Spiegeleisens kartelliert. Die gemeinsame Regelung von Preisen und Verkaufsbedingungen beschränkt sich jedoch noch auf das Inland. Mit Ausnahme von vier Werken umfaßt es alle Produktionsstätten von Roheisen im Rheinisch-westfälischen Gebiet.

Dieses Kartell wird gewissermaßen zum „Mutter“-Verband jener Syndikate, die während der Jahre von 1888 bis 1894 in Rheinland-Westfalen entstehen und Produktion und Verkauf der einzelnen Roheisensorten monopolisieren. In einigen Fällen gelingt es diesen „Verkaufsstellen“, den Rahmen ihres Gebietes zu durchbrechen und zu gemeinsamen Abmachungen mit benachbarten Gebieten – so mit den im Siegerland gebildeten Verbänden – zu gelangen.

Doch auch ihnen haften viele „Mängel“ an. Immer noch gibt es Außenseiter – wie Krupp z. B. – die die Syndikate oft genug zur Herabsetzung ihrer Preise zwingen. Auch sie werden noch nicht zu Beherrschern des gesamten deutschen Marktes. Sie machen sich gegenseitig Konkurrenz und bangen um ihren Bestand, wenn es nur einem oder zweien ihrer Mitglieder gefällt, aus dem Verband auszutreten.

Die Monopolisierungsgeschichte in der Walzwerksindustrie beginnt – wenn man von Ausnahmen wie der schon seit 1864 bestehenden deutschen Schienengemeinschaft und der deutschen Schwellengemeinschaft absieht – in der Mitte der 80er Jahre. Ausgangspunkt ist in diesem Teil der Eisen- und Stahlindustrie nicht das rheinisch-westfälische Revier, sondern Oberschlesien.

Die Monopolisierungsbestrebungen dieses Industriezweiges wurden von staatlicher Seite unterstützt. Besonders „verdient" gemacht hat sich hierbei der Minister für Handel und Gewerbe im Kabinett Bismarck, v. Boetticher.[18]

Der Beweis, daß die Schutzzollgesetzgebung Bismarcks sich bei der Bildung von Kartellen und Syndikaten in der Walzwerksindustrie sofort als Stimulator ausgewirkt hätte, läßt sich nicht erbringen. Vor 1886 finden sich keine bedeutsamen Verbände. Es ist jedoch bemerkenswert, daß innerhalb eines Zeitraumes von 5 Jahren (1886–1891) die Kartellierung so rasche Fortschritte macht, daß am Ende dieser Periode aus den ehemals regionalen Verbänden der „Deutsche Walzwerksverband" entsteht, dessen Wirkungsbereich sich über ganz Deutschland erstreckt.

Schon im Jahre 1887 sind – mit einer Ausnahme – sämtliche oberschlesischen Walzwerke kartelliert. Die gemeinsame Regelung des Verkaufs auf dem ausländischen Markt deutet darauf hin, daß die Preisschleuderei, von der noch die Rede sein wird, nicht mehr den einzelnen Werken überlassen, sondern gemeinsam durchgeführt wird. Der „Rheinisch-westfälische Walzwerksverband", der im gleichen Jahr gebildet wird, regelt in Form des Syndikats Produktion, Preise und Absatz nur im Inland.

Von 1887 bis 1891 läßt sich die Herausbildung des „Deutschen Walzwerksverbandes" verfolgen, der in dem Maße an Bedeutung gewinnt, wie sich ihm – freiwillig oder unter Druck – die verschiedenen Kartelle der Walzwerke in Süddeutschland, Mitteldeutschland usw. anschließen.

Neben den großen Walzwerksverbänden hatten sich noch einige Kartelle und Syndikate herausgebildet, die nur für bestimmte Produkte der Walzwerksindustrie Geltung hatten. Von diesen seien hier genannt:

Die deutsche Schienengemeinschaft

Sie war bereits 1864 gegründet worden und damit eines der ältesten deutschen Kartelle überhaupt, zugleich aber auch eines der ersten, das sich mit monopolistischen Organisationen anderer Länder über Absatzgebiete und Preise einigte. Die Preispolitik dieses Kartells nahm Eugen Richter während der Zolldebatten im Reichstag 1879 zum Anlaß, um gegen die Schutzzollvorlage zu Felde zu ziehen.[19]

[18] Siehe *Sonnemann, R.*, In: „Zeitschrift für Geschichtswissenschaft", Heft 3/1959, S. 661/663.

[19] Angaben zu diesem Kartell nach „Stahl und Eisen", Jahrgang 1884, S. 300, zitiert bei *Kestner, F.*, a. a. O., S. 64/65; *Vogelstein, Th.*, a. a. O., S. 74/75; *Voelcker, H.*, a. a. O., S. 83–86.

Das 1882 gegründete *Kartell zur Regulierung der Preise für Trägereisen.* Es brach 1890 unter dem Eindruck der Krise zusammen, wurde jedoch 1894 erneut gegründet.[20]

Der 1886/87 zustande gekommene *Formeisenverband.* Zur Zeit der Hochkonjunktur konnte er trotz der zahlreichen Außenseiter gewaltige Profite realisieren, mußte sich aber während der Jahre 1891/92 auflösen.[21]

Das Gasröhrenkartell

1882 gebildet, hielt es selbst während der Depressionsjahre die Preise hoch, schloß mit belgischen und englischen Werken Konventionen ab, mußte sich um 1890 jedoch den Auswirkungen der Krise beugen und flog auseinander. Im Herbst 1892 bildete es sich von neuem.[22]

Das Walzdrahtkartell

Es bestand seit 1886, löste sich im Dezember 1886 auf, wurde dann wieder gegründet und brach 1890 erneut zusammen.[23]

Das Feinblechsyndikat

Es nahm am 1. September 1888 seine Verkaufstätigkeit auf und bestand bis zum Jahre 1890.[24]

Bemerkenswert ist die Tatsache, daß von den sechs oben genannten Monopolen nur eines imstande ist, sich auch während der Krisenjahre zu halten. Alle anderen überstehen die Krise nicht und geben damit einen erneuten Beweis für die Behauptung, daß die sich bis zu Beginn der 90er Jahre bildenden Kartelle und Syndikate noch von allen Zufälligkeiten in der ökonomischen Entwicklung des Kapitalismus abhängig sind. Damit soll jedoch nicht gesagt sein, daß nach der Jahrhundertwende das Zeitalter der festesten, bestorganisierten Monopolverbände begonnen habe. Es gibt eine Reihe von Beispielen, die zeigen, daß sich kurz nach 1900 bedeutend stärkere Monopole als die hier behandelten den Gesetzen der kapitalistischen Produktionsweise beugen müssen, zerstört werden.[25] Daß aber die Kartelle und Syndikate fast auf der ganzen Linie zusammenbrechen, deutet doch darauf hin, wie relativ gering ihr Einfluß auf die Produktion zu dieser Zeit war.
Zu welchem Schluß berechtigen uns die vorstehenden Angaben?

[20] Angaben nach „Stahl und Eisen", Jahrgang 1892, S. 1111, zitiert bei *Kestner, F.*, a. a. O., S. 36; *Vogelstein, Th.*, a. a. O., S. 88; *Voelcker, H.*, a. a. O., S. 77–80.

[21] Angaben bei *Rabius, W.*, Der Aachener Hütten-Aktien-Verein in Rote Erde 1846–1906, 1906, S. 127.

[22] Angaben nach „Handel und Industrie" (o. J.), S. 186/87, zitiert bei *Kestner, F.*, a. a. O., S. 82/83.

[23] Angaben nach „Stahl und Eisen", 1886, S. 215, zitiert bei *Kestner, F.*, a. a. O., S. 55.

[24] Angaben bei *Vogelstein, Th.*, a. a. O., S. 93.

[25] So bricht im Herbst 1908 das Roheisensyndikat zusammen; im März 1911 scheitert die Stabeisenkonvention.

Mit Sicherheit läßt sich behaupten, daß der Schutzzoll bei der Bildung der genannten Kartelle und Syndikate Pate gestanden hat. Ebenso sicher ist aber auch die Tatsache, daß mit ihm nicht zugleich die Garantie für den Bestand dieser Monopolverbände gegeben war. Die innere Konkurrenz war noch zu groß, die Außenseiter zahlreich.
Diese vom Standpunkt der Monopole negative Beurteilung sagt jedoch nichts über ihre relative Stärke aus. Konnten sie den Schutzzoll wirklich ausnutzen, welche Preispolitik haben sie betrieben, förderten sie ihrerseits die Bildung von Monopolen? Um diese Fragen zu beantworten, sind verschiedene Untersuchungen nötig. Entsprechend den im theoretischen Teil dargelegten Thesen soll zunächst auf die Preisgestaltung nach 1879 eingegangen werden.

4. Die Preisgestaltung in der Eisen- und Stahlindustrie unter dem Einfluß von Schutzzöllen und Monopolen

Unter der Voraussetzung, daß die 1879 eingeführten Schutzzölle auf Roheisen, Eisen- und Stahlfabrikate ungefähr 20—35 % des Wertes der jeweiligen Waren ausmachten, müßte man zunächst schlußfolgern, daß die Preise auf dem deutschen Markt vom Jahre 1880 ab etwa in der Höhe des Schutzzolls über den Preisen des vergangenen Jahrzehnts gelegen hätten. Diese Annahme ist jedoch nur real, wenn vorausgesetzt wird, daß der Schutzzoll neben der Ausschaltung der ausländischen Konkurrenz auch zu einer Beseitigung der freien Konkurrenz im Inlande geführt hat bzw. an diesem Prozeß beteiligt war. Folgen wir aber zunächst den Tatsachen.
Ein Blick auf die Preistabellen bestätigt die ursprüngliche Annahme nicht. Allgemein läßt sich aus ihnen ablesen, daß die Kurve der Preisentwicklung sich den verschiedenen Phasen des Krisenzyklus in der Eisen- und Stahlindustrie anpaßt. Wir beobachten für die Jahre 1880—1882 einen kurzen Aufschwung, der für die verschiedenen Bereiche der Eisen- und Stahlindustrie auch verschiedene konkrete Gründe hat — so z. B. der große Bedarf der USA an Eisenbahnmaterialien — konstatieren für die Jahre bis 1886/87 einen Fortgang der nur kurz unterbrochenen Depression und bemerken bis zum Jahre 1890 eine Aufschwungphase, die wiederum in eine Krise mündet.
Dieser eigenartige Charakter des Krisenzyklus, auf den wir im Schlußkapitel noch zu sprechen kommen werden, hat in Friedrich Engels einen aufmerksamen Beobachter gefunden. In einem Brief an Bebel vom 22. Dezember 1882 schrieb er: „Die Krisis in Amerika scheint mir wie die hiesige (in England. R. S.) und wie der noch nicht überall gehobene Druck auf der deutschen Industrie keine richtige Krisis, sondern Nachwirkung der Überproduktion von der vorigen Krisis her. Der Krach in Deutschland wurde das vorige Mal durch den Milliardenschwindel verfrüht, hier und in Amerika kam er zu normaler Zeit 1877. Nie aber sind während einer Prosperitätsperiode die Produktivkräfte so gesteigert worden wie 1871 bis 1877, daher ähnlich wie 1837 bis 1842 ein chronischer Druck hier und in Deutsch-

land auf den Hauptindustriezweigen, besonders Baumwolle und Eisen. Die Märkte können alle die Produkte noch immer nicht verdauen; ... Deine Mitteilungen über den Stand der deutschen Industrie waren uns sehr interessant, namentlich die ausdrückliche Bestätigung, daß der Kartellvertrag der Eisenproduzenten gesprengt ist." [26]

Zur Illustration dieses „chronischen Druckes", in der sich die deutsche Industrie damals befand, sollen einige Materialien angeführt werden, die sich in den Beständen des DZA Merseburg fanden.

In einem Brief des Regierungspräsidenten in Oppeln an Bismarck vom 2. 6. 1885 finden sich solche Worte wie „mangelnder Absatz und schlechte Preise", „Überproduktion und gewissenlose Verschleuderung".[27] Diesem Brief ist in der Anlage ein Schreiben des Direktors der Donnersmarckhütte in Zabrze, Galda, an den Landrat in Oppeln, von Holwede, beigefügt. Darin heißt es: „Wie bedenklich die Lage der Walzeisenproduzenten ist, erhellt zur Genüge aus den neuerdings gemachten Bestrebungen, den Verkauf sämtlicher Fabrikate in eine Hand zu legen, um einem weiteren Preisniedergang zu steuern." [28]

Die „Frankfurter Zeitung" hatte schon am 24. 4. 1882 in einem Artikel über die „Rheinisch-westfälische Montanindustrie" geschrieben: „Die Preise sinken, trotzdem die Werke eine Koalition geschlossen und sich vereinigt haben, unter einem Minimalpreis nicht zu verkaufen." [29] Der Bericht der „Nordwestlichen Gruppe des Vereins Deutscher Eisen- und Stahlindustrieller" an den Regierungspräsidenten von Berlepsch in Düsseldorf vom 29. 3. 1884 besagt, daß zu Beginn des Jahres 1883 zwar noch hohe Roheisenpreise zu erzielen gewesen wären, sich doch aber schon Krisenanzeichen bemerkbar gemacht hätten. „Dem Gesamteindruck dieser Verhältnisse (der sinkenden Nachfrage. R. S.) konnten sich die für Qualitäts-Puddeleisen im Rheinland und Westfalen sowie im Siegerlande gebildeten Conventionen nicht entziehen, der Preis wurde heruntergesetzt und damit mußte auch der Preis der Walzwerksprodukte im allgemeinen den wesentlich billigeren Notierungen folgen. ... Das Bedürfnis zu verkaufen war so groß, daß die Bedingungen der Convention (der Hochofenwerke des Siegerlandes. R. S.) nicht mehr eingehalten wurden, so daß diese sich im Mai auflösen mußte. Von dem Siegerlande aus wurden nun die Preise um mehrere Mark geworfen und dieser Vorgang zwang auch die Convention der rheinisch-westfälischen Hochofenwerke zu weiteren Preisconzessionen, so daß die Roheisenproduzenten sehr bald mit ihren Preisen an die Grenze der Selbstkosten gelangten." [30]

Ähnlich lauten die Berichte des „Berliner-Börsen-Courier" vom 13. 7. 1886, der „Berliner Börsenzeitung" vom 19. 7. 1886 und anderer. Sehr interessant sind die Mitteilungen des „Berliner-Börsen-Courier" vom 28. 7. 1886 – zeigen sie doch

[26] *Engels, F.*, Brief an Bebel. In: *Bebel, A.*, Aus meinem Leben, III. Teil, Dietz Verlag 1946, S. 200–202.

[27] DZA Merseburg, Rep. 120 C, Abtlg. VIII, Fach 1, Nr. 159, Band 1.

[28] Ebenda.

[29] DZA Merseburg, Rep. 120 C, VIII, 1 Nr. 65, vol. 1.

[30] Ebenda.

an einem konkreten Beispiel den engen Zusammenhang zwischen Monopolen und hohen Preisen: „Das wichtigste Ereignis mit seinen verhängnisvollen Folgen ist und bleibt die Auflösung des internationalen Schienenkartells (das sich 1884 gebildet hatte . R. S.), welches bekanntlich auch den Zusammenbruch des deutsch-englischen und des deutsch-belgischen Schienenkartells zur Folge hatte.“ Der „Schienenpreis unter der Herrschaft des internationalen Schienenkartells“ habe 93—95 Mark pro t ab Werk betragen, jetzt – Juli 1886 – sei er auf 68—70 Mark gefallen. Auf dem deutschen Markt sei er von 135,– auf 110,– Mark gefallen. Zur „Walzdraht-Convention“wird gesagt: „Die Walzdraht-Convention, der sämtliche deutsche und zwei belgische Werke angehörten, konnte es also nicht verhindern, daß der Rückgang der Preise mit der Verminderung der Nachfrage gleichen Schritt hielt; sie hat ihren Zweck nicht erfüllt und hat mit dem 1. Juli cr. zu existieren aufgehört.“ [31]

Diese Angaben sind nicht nur wichtig für die Beurteilung des Charakters der Depression im allgemeinen, sondern bestätigen auch die weiter oben vertretene Auffassung, wonach die Kartelle und Syndikate dieser Jahre zu wenig stabil waren, um in „schlechten Jahren“ von Bestand zu sein.

Mit dem Jahre 1887 findet diese Depressionsperiode ihren Abschluß und zugleich beginnt eine neue kurze Aufschwungphase.

Die Preise steigen an, vor allem bei Roheisen. In diese Zeit fallen die Gründungen schon relativ starker Kartelle, die eine maßlose Preispolitik betreiben.

Doch schon zu Ausgang des Jahres 1890 ist der kurze Aufschwung beendet. Die Preise fallen um 30—40 %. Ein Auszug aus einer in Nr. 36 der „Deutschen Volkswirtschaftlichen Correspondenz“ vom 5. 5. 1891 erschienenen Preistabelle soll den Preissturz illustrieren.[32]

Bevor wir uns einer genaueren Analyse dieser und anderer Preistabellen und der vorerwähnten Pressenotizen zuwenden, zitieren wir einen Auszug aus dem Bericht

Preise loco Werk für 1 Tonne, in Mark, zu Anfang des Jahres

	1890	1891
Puddelroheisen		
rheinisch-westfälisches	90	53
schlesisches	60	58
Siegen-Nassauer-Spiegeleisen	100	60
Gießerei – Roheisen Nr. 1		
rheinisch-westfälisches	94	75
schlesisches	100	75
Bessemer-Roheisen	96	75
Stabeisen, rheinisch-westfälisches	187	140
schlesisches	180	130
Walzdraht, rheinisch-westfälischer	180	120

[31] Ebenda. [32] Ebenda.

des „Vereins zur Wahrung der gemeinsamen wirtschaftlichen Interessen in Rheinland und Westfalen". In ihm – gerichtet an den Königlichen Regierungspräsidenten in Düsseldorf – heißt es: „Aber die Preisbildung in einem höheren Sinne wirtschaftlich für die einzelnen Produktionsgebiete zu gestalten, dazu war auch der Schutzzoll nicht imstande. Die Preise der Jahre 1884–1887 sind die niedrigsten bisher gekannten ..., welche eine Folge der Entfesselung bisher schlummernder Kräfte durch den technischen Fortschritt und damit des entfesselten zügellosen Wettbewerbs ... Und diese Notstandspreise waren unwirtschaftlich; sie verkehrten die Freiheit und den Fortschritt in ihr Gegenteil; die Freiheit war an dem Punkte angelangt, an dem sie sich selbst vernichtet. Hier schafften die Verbände (Cartelle, Syndikate) den richtigen Wandel (!), indem sie, ebenso wie der Schutzzoll, die internationale Zügellosigkeit einschränkten, innerhalb der einzelnen Zollgebiete Ordnung in das Chaos brachten und innerhalb derselben dem schrankenlosen, selbstmörderischen Wettbewerb begegneten." [33]

Selbstverständlich ist dieser Bericht weder objektiv wahr noch in seiner Tendenz neutral; er ist ein Ausdruck der um die Durchsetzung ihrer Profitinteressen kämpfenden Unternehmer, die sich in einem der reaktionärsten Verbände organisiert hatten. Aber er enthält einige bemerkenswerte Eingeständnisse. Tatsächlich ist die preiserhöhende Wirkung des Schutzzolls in der Depressionsphase kaum zu spüren gewesen. Die freie Konkurrenz war nämlich noch keinesfalls beseitigt. Als die Jahre der Depression zu Ende gingen, entstanden die ersten festeren monopolistischen Vereinigungen. Und sie schafften in der Tat einen „Wandel", nur nicht den richtigen, wie es in dem vorgenannten Bericht heißt, sondern führten – allerdings nur zum Teil – eine solche Wendung herbei, wie sie den Interessen der ökonomisch Stärksten entsprach. Das heißt in bezug auf die Preisentwicklung:

Die Roheisenpreise lagen in den Jahren von 1883–1887 wesentlich niedriger als vor 1879. Andererseits erreichten sie in den Jahren des Aufschwungs eine Höhe, die bis dahin nicht beobachtet worden war. Es muß nun bewiesen werden, daß dieser enorme Preisanstieg in der Aufschwungphase eine Folge der beginnenden Herrschaft der Kartelle war. Diese und die allgemeine Frage, ob und inwieweit die Monopole den Zoll ausnutzen konnten, läßt sich nur beantworten, wenn man den deutschen Preisen die englischen gegenüberstellt.

Solch ein Vergleich muß vor allem bei den Preisen für Thomas- und Gießereiroheisen angestellt werden.[34] Thomasroheisen wurde vor 1879 nicht produziert und regelmäßige Preisnotierungen existieren auch erst ab 1883. Da das „Scotch pig iron" dem rheinisch-westfälischen Thomasroheisen qualitativ gleichzusetzen ist, beruht der Vergleich dieser Roheisensorten auf einer realen Basis.

Zunächst muß folgendes beachtet werden: Der Zoll betrug 10,– Mark pro Tonne, die durchschnittliche Fracht (Seefracht von Middlesbrough nach Hamburg und

[33] DZA Merseburg, Rep. 120 C, VIII, 1 Nr. 25, vol. 7.

[34] Die Vernachlässigung der Auswertung der Puddel- und Bessemer-Roheisenpreise läßt sich durch die immer mehr abnehmende Bedeutung der Produktion dieser Roheisensorten rechtfertigen.

Preisvergleich zwischen englischem (schottischem) und deutschem Thomasroheisen (pro Tonne in Mark)[35]

Monat und Jahr	Scotch pig Iron (ab Middlesbrough, unverzollt)	Deutsches Thomaseisen, frei rhein.-westfäl. Verbrauchsstelle	pro Tonne im Rheinland mehr bzw. weniger als in England
Dez. 1887	43,35	45,–	+1,65
Dez. 1888	41,50	46,–	+4,50
Dez. 1889	60,80	78,– bis 80,–	–17,20 bis +19,20
Dez. 1890	46,40	49,–	+2,60
Dez. 1891	47,15	40,– bis 41,–	– 6,15 bis – 7,15
Dez. 1892	41,65	35,– bis 37,–	– 4,65 bis – 6,65
Dez. 1893	43,40	33,– bis 35,50	– 7,90 bis –10,40
Dez. 1894	41,80	35,80 bis 38,20	– 3,60 bis – 6,–.

Flußfracht bis Ruhrort) 11,–Mark. Demnach lagen die deutschen Preise für Thomasroheisen nur einmal (Dezember 1889) annähernd um den Betrag von Zoll und Fracht über den englischen. Während der Jahre von 1887 bis 1894 läßt sich also – mit der eben genannten Ausnahme – keine starke Verteuerung des deutschen Eisens auf der Grundlage der Schutzzölle feststellen. Klar ersichtlich ist jedoch, daß sich während der Aufschwungphase die Differenz zwischen den englischen und den deutschen Preisen immer mehr vergrößert, d. h. die deutschen Materialien teurer werden; in den Jahren der Depression (1891–1894) dagegen fallen die Preise für deutsches Thomasroheisen um rd. 6,– Mark unter die englischen.

Grundsätzlich gilt für die Krisen- und Depressionsjahre 1891–1894 also die gleiche Feststellung wie für die Jahre von 1883–1887: Die Kartelle sind selbst mit Unterstützung der Schutzzölle nicht in der Lage, die Preise über den englischen zu halten.

Ein ganz anderes Bild bietet sich uns aber nach 1894 (wir erinnern uns, daß zu dieser Zeit die zweite entscheidende Welle der Monopolbildungen einsetzt). Es zeigt sich, daß die deutschen Roheisenkartelle und -syndikate solche Preise festsetzten, die im Durchschnitt der Jahre von 1894–1900 zumindest um den Betrag des Zolls und die Hälfte der Frachtgebühren über den englischen lagen. Den Beweis liefern folgende Zahlen:

Die Preise für deutsches Thomasroheisen lagen über den englischen (Scotch pig iron), pro Tonne in Mark[36]

im Dez. 1896	Dez. 1897	Dez. 1898	Dez. 1899	Dez. 1900
um 14,50	14,95	9,75	19,20	24,40–26,70.

[35] Nach den Angaben des Londoner „Economist" und der Zeitschrift „Stahl und Eisen"; zusammengestellt bei *Vogelstein, Th.*, Die Industrie der Rheinprovinz 1888–1900, 1902, S. 70/71.

[36] *Vogelstein, Th.*, a. a. O., S. 71.

Dieser enorme Preisanstieg des deutschen Thomasroheisens ist jetzt nicht mehr allein darauf zurückzuführen, daß infolge der großen Nachfrage (Hochkonjunktur) auch bei Höchstpreisen ein guter Absatz gewährleistet ist, sondern diese Preise sind von den Syndikaten diktierte Monopolpreise. Die Zahl der Außenseiter ist bis auf wenige zusammengeschmolzen, die Syndikate sind fester gefügt als noch vor zehn Jahren, ihr Wirkungbereich erstreckt sich nicht nur auf bestimmte geographische Gebiete, sondern auf fast ganz Deutschland, und der Schutzzoll gibt ihnen den notwendigen Rückhalt im internationalen Konkurrenzkampf. Doch wichtiger als die Gegenüberstellung deutscher und englischer Preise bei Thomasroheisen ist eine solche für Gießereiroheisen, da beim Thomasroheisen eine englische Konkurrenz kaum in Frage kam, demzufolge also die deutschen von den Weltmarktpreisen nicht abhängig waren.

Preisvergleich zwischen englischem (schottischem) und deutschem Gießereiroheisen (pro Tonne in Mark)[37]

Jahr	Schottisches Nr. 1 Hamburg, verzollt	bestes deutsches Gießereiroheisen ab Werk	Pro t deutsches billiger als schottisches
1881	76,10	73,30	2,80
1882	82,90	75,00	7,90
1883	80,20	72,90	7,30
1884	76,00	65,70	10,30
1885	71,50	58,40	13,10
1886	65,90	51,90	14,00
1887	69,20	54,90	14,30
1888	67,20	57,40	9,60
1889	80,20	70,80	9,40
1890	89,10	83,60	5,50
1891	80,50	71,20	8,70
1892	70,30	65,50	4,80
1893	68,50	62,00	6,50
1894	72,30	62,80	9,50.

Bei dieser Tabelle muß beachtet werden, daß die Preise für schottisches Eisen inklusive Zoll und Fracht angegeben sind. Danach ist deutsches Gießereiroheisen zu jeder Zeit billiger als englisches. Vermindert man aber den Preis des englischen Eisens um den Betrag von Zoll und Fracht (22,– bis 25,– Mark), dann zeigt sich, daß der deutsche Preis immer über dem englischen liegt. Auch diese Zahlen lassen erkennen, daß in den Jahren der Depression die Differenz zwischen den englischen und deutschen Preisen am größten ist, während sich zu Zeiten des Aufschwungs die Preise einander nähern.

Nun war aber der deutsche Import englischen (schottischen) Gießereiroheisens Nr. I relativ bedeutunglos. Der Zoll auf Gießereiroheisen war vor allem gegen

[37] Siehe die Tabelle im Anhang, Anlage VI.

die Konkurrenz des englischen ordinären Gießereiroheisens Nr. III gerichtet, das in großen Mengen nach Deutschland exportiert wurde. Ein Vergleich der Preise dieser Roheisensorten führt zu der Erkenntnis [38], daß die Preise ungefähr parallel liefen, d. h. in den Jahren von 1888 bis 1899 – für diese Periode standen Vogelstein Vergleichswerte zur Verfügung – „wurde Gießereiroheisen, bei dem die deutsche Produktion für den Bedarf nicht genügt, zu allen Zeiten . . . ungefähr um den Betrag von Fracht und Zoll gegenüber dem Weltmarktpreis verteuert.“ [39]
Diese Feststellung scheint uns von besonderer Bedeutung zu sein. Wenn man sie verallgemeinert, heißt das: Jene zollgeschützten Industriezweige, deren Produktion auch nach 1879 den Bedarf des deutschen Marktes noch nicht decken konnte, nutzten den Zoll voll aus, während das bei der für Deutschland bedeutendsten Roheisensorte, dem Thomaseisen infolge der laufenden Überproduktion nicht der Fall war. Die Kartelle vermochten es nicht ganz, „beruhigend“ auf die Preisentwicklung einzuwirken, d. h. sie konnten die Preise nicht auf der erhofften Höhe halten.

Nun darf man aber daraus keineswegs schlußfolgern, daß sich der Zoll nicht zugunsten der Monopole ausgewirkt habe. Es besteht kein Zweifel darüber, daß die Preise bei einer freihändlerischen Wirtschaftspolitik erheblich unter dem dargestellten Niveau gelegen hätten. Eine wichtige Tatsache haben wir nämlich bisher außer acht gelassen: Die Entwicklung der Produktionskosten. Ergäbe nämlich eine Analyse der Produktionskostengestaltung nach 1879 eine wesentliche Verringerung derselben, dann würde das heißen, daß bei gleichbleibenden Preisen dennoch eine starke relative Verteuerung eingetreten ist. Um das an einem Beispiel zu demonstrieren: Nach Rabius betrugen in den Jahren 1879/80 die Produktionskosten pro Tonne Fabrikat (das waren in diesem Fall Walzwerksfabrikate und solche der Drahtzieherei und Gießerei) im „Aachener Hütten-Aktien-Verein in Rote Erde“ 36,78 Mark, 1886/87 dagegen nur noch 15,44 Mark.[40] Die allgemeinen Unkosten waren von 2,51 Mark auf 0,81 Mark, die Arbeitslöhne von 24,95 Mark auf 10,35 Mark und die Ausgaben für Kohle von 9,32 auf 4,28 Mark pro Tonne gesunken.

Von den 15,44 Mark Produktionskosten pro Tonne Fabrikat sind außerdem noch in Abzug zu bringen 2,50 Mark, die der vorgenannte „gemischte Betrieb“ bis dahin als Patentabgabe infolge der Aufnahme des Thomasverfahrens zu zahlen hatte und die in Fortfall kamen, als der Hütten-Verein sich mit der Zahlung einer einmaligen Restkaufsumme von weiteren laufenden Abgaben befreite. Stellt man den Produktionskosten pro Tonne Roheisen, wie sie im Bericht der Enquete-Kommission aus dem Jahre 1878 angegeben werden, jene Kosten gegenüber, die nach den Erhebungen der Oberbergämter in Rheinland-Westfalen und nach den Angaben der Hüttenwerke in den anderen deutschen Produktionsgebieten im

[38] Siehe hierzu die Berechnungen und Angaben bei *Kestner, F.*, a. a. O., S. 27/30, auch die Zusammenstellungen bei *Vogelstein, Th.*, a. a. O., S. 70/71.

[39] *Vogelstein, Th.*, a. a. O., S. 71.

[40] *Rabius, W.*, Der Aachener Hütten-Aktien-Verein in Rote Erde, 1846–1906. 1906, S. 66/67.

Jahre 1895 für die Produktion einer Tonne Roheisen aufzuwenden waren, so gelangt man zu der Schlußfolgerung, daß die Kosten eine Minderung um 15–40 % – je nach Sorte und Gebiet – erfahren haben.[41] Die Kartelle haben also in Wahrheit ganz enorme Profite eingeheimst! Den Weiterverarbeitern sind die Materialien so verteuert worden, daß sich die sogenannten reinen Werke gezwungen sahen, zur Bildung gemischter Betriebe überzugehen. In welchen Formen das geschah, soll der nächste Abschnitt zeigen.

5. *Die Bildung gemischter Betriebe*

Die Entstehung sogenannter Kombinationen oder gemischter Betriebe, ihre Vorteile gegenüber den reinen Werken, ihre begünstigte Stellung im Konkurrenzkampf u. v. a. m. ist in der bürgerlichen Literatur des öfteren untersucht worden.[42] Wenn man den Verfassern solcher Werke Glauben schenkt, dann muß man annehmen, daß sie vor allem das Ergebnis hochentwickelter Technik bzw. als Folge technischer Neuerungen entstanden sind. Diese Meinung ist natürlich irrig bzw. nur eine halbe Wahrheit. Im Kapitalismus zwingt der Konkurrenzkampf zur Vervollkommnung der Technik und zur Erweiterung der Produktion. Die Entstehung gemischter Betriebe fällt in eine Zeit, da sich zwar schon erste hemmende Tendenzen in bezug auf die Entwicklung der Produktivkräfte bemerkbar machten, die Eisen- und Stahlindustrie jedoch noch stürmisch vorwärtsschritt. Hier führte der Konkurrenzkampf zur breitesten Anwendung technischer Neuerungen, die eine vollkommene Umwälzung der Produktionsverfahren mit sich brachten. Das heißt, politökonomisch betrachet, die organische Zusammensetzung des Kapitals wuchs in einem stetig steigenden Tempo, die Konzentration der Produktion – deren eine Form die Kombination ist – begann sich jenem Punkt zu nähern, wo sie von selbst ins Monopol umschlägt.

Auf diese Weise führte die Jagd nach der Vergrößerung des Mehrwerts zur Bildung gemischter Betriebe – mit Hilfe der Technik, aber nicht auf ihrer Basis.

Nun ist es eine Sache, ob dieser Prozeß automatisch, d. h. infolge des Wirkens ökonomischer Gesetze vor sich geht, und eine andere, ob ihm dabei „Hilfeleistung" gewährt, er beschleunigt wird. War die Preispolitik der Kartelle und Syndikate solch ein beschleunigendes Moment?

Gemischte Werke sind nicht erst ausgangs des vorigen Jahrhunderts entstanden. Die Verbindung von Stahl- und Walzwerk läßt sich schon um 1850 bei verschiedenen Betrieben feststellen. Aber erst nach 1879 wird die Tendenz zur Ausgestaltung der vertikalen Konzentration so stark, daß man sie als ein Charak-

[41] Siehe die Zusammenstellungen bei *Kestner, F.*, a. a. O., S. 10 und 40. Ein genauer Vergleich ist jedoch infolge der unterschiedlichen Angaben und des Wechsels in der Bedeutung der einzelnen Roheisensorten nicht möglich.

[42] Siehe hierzu: *Heymann, H. G.*, Die gemischten Werke im deutschen Großeisengewerbe, 1904; *Mannstaedt, M.*, a. a. O., S. 18–28; *Troß, A.*, Der Aufbau der Eisen- und eisenverarbeitenden Industrie-Konzerne Deutschlands, 1923, S. 10–16.

teristikum in der Entwicklung der Schwerindustrie des ausgehenden 19. Jahrhunderts bezeichnen kann. Dabei half vor allem das Thomasverfahren und die sich aus ihm ergebenden technischen Veränderungen. Aus den letzten wiederum folgte eine völlige Neugestaltung der innerbetrieblichen Organisation, des Arbeitsflusses usw. So hat z. B. das „Fertigwalzen in einer Hitze“ dazu beigetragen, daß Hochofenwerk, Stahl- und Walzwerk sich zu einem großen Komplex vereinigten.

Es ist jedoch hier nicht der Ort, die Bildung gemischter Betriebe von der technischen Seite her zu verfolgen. Uns interessiert, wie der Schutzzoll in seiner indirekten Wirkung dazu beigetragen hat, daß mit den gemischten Betrieben quasi der Grundstock zu einer noch höheren Form der Monopole als der der Kartelle und Syndikate — nämlich der Konzerne — gelegt wurde. Denn darüber muß man sich im klaren sein: Nicht die Kartelle und Syndikate sind es, die dem „reifen“ deutschen Imperialismus schließlich das Gepräge geben. Deutschland auch nach 1900 noch mit dem Prädikat „Land der Kartelle“ versehen zu wollen, würde heißen, die alles beherrschenden Konzerne „hinwegzudiskutieren“ oder vor ihrer Macht die Augen zu verschließen. Alle großen Konzerne sind aus gemischten Betrieben hervorgegangen: Krupp, Phönix, Haniel, Thyssen, Stumm, Klöckner — um nur solche zu nennen, in denen Unternehmungen der Montan- und Eisenindustrie die Führung hatten oder noch haben.

Am Beispiel der Entwicklung eines typischen gemischten Betriebes, des „Aachener Hütten-Aktien-Vereins“, soll gezeigt werden [43] welche Ursachen im einzelnen zur Entstehung von Kombinationen führen können.

Bis zum Jahre 1878 wurde die Verarbeitung des Roheisens zu Stahl im wesentlichen mittels zweier Verfahren vorgenommen. Das erste, der Puddel-Prozeß, war im Jahre 1784 von dem Engländer Henry Cort erfunden worden. Dieses Verfahren verdrängte in Deutschland jedoch nur langsam das Herdfrischen, eine seit langer Zeit angewandte Methode, mit Hilfe derer das Roheisen von seinen Nebenbestandteilen, wie z. B. Silicium, Mangan, Phosphor usw. befreit wurde. „Das Puddelverfahren, das viel Brennstoff verbraucht . . ., nur geringe Produktionen liefert und im Puddler einer hochqualifizierten und hochgelohnten Arbeitskraft bedarf“ [44], konnte auf die Dauer ebensowenig befriedigen wie der Tiegelgußstahlprozeß, der für die Massenverwendung zu teuer war. Als *Bessemer* Ende der 50er Jahre das nach ihm benannte Verfahren entdeckte, erregte das zwar großes Aufsehen und führte auch zu einer sprunghaften Entwicklung der Stahlproduktion, z. B. in England [45]; aber in Deutschland fand es in nur geringem Maße Anwen-

[43] Die folgenden Angaben, soweit ihre Herkunft nicht näher bezeichnet wurde, sind dem Buch von *Rabius, W.*, „Der Aachener Hütten-Aktien-Verein in Rote Erde 1846–1906“, 1906, entnommen. Siehe dort vor allem noch die Seiten 54–80. Die beste Übersicht — wohl auch heute noch — über die geschichtliche Entwicklung der Eisen- und Stahlindustrie in ihren technischen Einzelheiten findet sich bei *Beck, L.*, „Die Geschichte des Eisens in technischer und kulturgeschichtlicher Beziehung“. 5 Bände, 1903.

[44] *Heymann, H. G.*, a. a. O., S. 17.

[45] *Beck, L.*, a. a. O., Bd. V, S. 921.

dung. Beim Bessemerprozeß nämlich ist es nicht möglich, den Phosphor aus dem Eisen zu entfernen. Man konnte deshalb nur solche Roheisensorten verwenden, die einen geringen Phosporgehalt aufwiesen. An diesen Qualitäten aber mangelte es gerade in Deutschland, das besonders reich an phosphorhaltigen Eisenerzen ist. Ein Blick auf die Statistik[46] bestätigt die Ansicht, daß die Produktion von Schweiß(-Puddel)-Eisen im Jahre 1878 der von Flußeisen noch weit voraus war.
Die Lösung des Problems – das Verschlacken der Phosphorsäure – gelang dann im Jahre 1878 den Engländern Thomas und Gilchrist auf eine einfache Weise. Sie gaben der Bessemerbirne statt der bisher saueren Ausmauerung eine solche aus basischem Futter. Damit war es gelungen, den Phosphor zu verschlacken und einen Stahl zu produzieren, den man in jeder gewünschten Härte erhalten konnte.
Diese Erfindung führte zu einer enormen Ausdehnung der Stahlproduktion und zugleich zu einer wesentlichen Verringerung der Produktionskosten. Die Einführung des Schutzzolls der Anwendung des Thomasverfahrens in bezug auf die Entwicklung der Eisen- und Stahlindustrie gegenüberstellend, schreibt Rabius: „Ließ dieser Schutz auch eine Besserung der wirtschaftlichen Lage der deutschen Eisenindustrie erhoffen, so sollte sie doch ihre mächtige Entwicklung in den nächsten Jahrzehnten hauptsächlich durch ein fast gleichzeitig eintretendes Ereignis auf dem Gebiete der Eisenverhüttung erfahren . . . Durch diese Erfindung des basischen Bessemer – oder Thomasverfahrens konnte auch phosphorhaltiges Roheisen im Konverter gefrischt werden, und damit erhielten die reichen phosphorhaltigen Erzlager in Deutschland, die bisher für den Bessemer-Prozeß nicht verwendbar waren, eine ungeheure Bedeutung.“ [47] Wie schnell und in welchem Ausmaße der Thomasprozeß an Bedeutung gewann, zeigt eine Gegenüberstellung der in den Jahren 1880 und 1900 in Gebrauch gewesenen Bessemer- bzw. Thomaskonverter.

	Bessemer-Konverter	Basische Konverter
1880	46 Stück à 3–8 t	4 Stück à 3– 6 t
1900	26 Stück à 6–8 t	91 Stück à 6–21 t

Die ersten Besitzer des Thomaspatents in Deutschland waren der Hörder Verein und die Rheinischen Stahlwerke. Der „Aachener Hütten-Aktien-Verein“ erwarb das Patent im Jahre 1879/80.[48] Die Aufnahme des Thomasverfahrens geschah vor allem zweier Gründe wegen. Erstens war das Luxemburger Roheisen, das bis zum Jahre 1878 infolge seines hohen P-Gehaltes als minderwertig galt, bedeutend billiger als das bisher bezogene Bessemerroheisen. Zum zweite lagen die Frachtkosten weit unter denen, wie sie von den rheinisch-westfälischen Werken gezahlt

[46] siehe Anlage III, Blatt 2.
[47] *Rabius, W.*, a. a. O., S. 54.
[48] Der kaufmännische Direktor dieses Werkes, das zu jener Zeit aus einem Stahl- und einem Walzwerk bestand, war ab 1873 Adolf Kirdorf.

werden mußten. Im Herbst des Jahres 1879 kostete Bessemer-Roheisen z. B. 54 Mark pro t, Luxemburger Thomasroheisen dagegen nur 30 Mark. Der Frachtvorsprung des Aachener Werkes vor den rheinisch-westfälischen Stahlwerken betrug 2,50 Mark pro Tonne. Die Folge war, daß eine „Verschiebung des Roheisenbezugs" des Aachener Vereins eintrat. Englisches Bessemer-Roheisen wurde fast nicht mehr bezogen.[49]

Mit der Einführung des Thomasverfahrens wurde der gesamte technologische Prozeß umgestaltet. Ein Doppelpuddelofen lieferte bei 6—7 Chargen pro Schicht 2,23 t Puddeleisen, ein Konverter brachte es bei 17 Chargen pro Schicht auf 93,5 t (!) Thomasstahlblöcke. Das heißt, ein Thomaskonverter erzeugte pro Tag mehr, als die gesamte Puddelofenanlage mit 36 Öfen in 24 Stunden ausbringen konnte. Die Erhöhung der Produktionsleistung des Betriebes in Verbindung mit einer immer schnelleren Chargenfolge führte dazu, daß im Jahre 1881 24 361 000 kg, 1892 dagegen 172 502 000 kg Stahl produziert wurden, was einer Steigerung um mehr als das 7fache gleichkam.

„Diese enorme Leistungsfähigkeit des Thomasverfahrens liegt in zwei Vorgängen begründet, die seine Produktionsweise vor dem Puddelprozeß auszeichnen und eine wirkliche Massenproduktion erst ermöglichen; es ist der Vorgang der ‚Mechanisation' des Betriebes, d. h. der größtmöglichen Loslösung der Fabrikation von der menschlichen Arbeitskraft, die durch maschinelle Vorrichtungen ersetzt und erhöht wird, und der ‚Konzentration' des Betriebes, d. h. der Zusammenfassung vieler versplitterter Produktionsvorrichtungen in einem einheitlichen abgeschlossenen Produktionsverfahren." [50]

Die Einführung der Maschinerie in die Schwerindustrie beginnt also im großen erst zu diesem Zeitpunkt.

Es ist klar, daß sich aus den angeführten zwei Gründen die Produktionskosten pro Tonne Fabrikat enorm verringerten. Die Reihe der Vorteile, die der Thomasprozeß mit sich brachte und die sich schließlich in einer immer größer werdenden Dividende niederschlugen, ist aber mit den genannten technischen Umwälzungen noch nicht abgeschlossen. Seit dem Jahre 1886/87 wurde die Thomasphosphatschlacke, ein Nebenprodukt des Thomasprozesses, der landwirtschaftlichen Nutzung zugeführt. „Auf eine Tonne Rohstahl fällt je nach dem Phosphorgehalt des Roheisens 280—300 kg Schlacke, welche einen Wert von 4—10 Mark repräsentiert und den Ertrag des Thomasverfahrens nicht unwesentlich steigert." [51] In welcher Weise sich schließlich die „nicht unwesentliche Steigerung des Ertrages" äußerte, zeigt die Statistik der Dividendenausschüttung dieses Werkes. Es wurden gezahlt

[49] Der Rückgang des Imports englischen Bessemer-Roheisens ist also keine Folge der schutzzöllnerischen Aktionen gewesen, sondern den technischen Veränderungen geschuldet.

[50] *Rabius, W.*, a. a. O., S. 58/59.

[51] *Rabius, W.*, a. a. O., S. 69.

in den Geschäftsjahren	Dividende[52]	in den Geschäftsjahren	Dividende[52]
1879/80	5%	1885/86	25%
1880/81	10%	1886/87	25%
1881/82	25%	1887/88	$17^1/_2$%
1882/83	25%	1888/89	25%
1883/84	25%	1889/90	25%
1884/85	25%	1890/91	25%

Bis zu diesem Zeitpunkt (1890/91) war der „Aachener Hütten-Aktien-Verein" ein gemischter Betrieb, bestehend aus dem Stahl- und dem Walzwerk. Wir haben es hier also von Anfang an mit einer Aktiengesellschaft zu tun, die man nicht mehr als „Reines Werk" bezeichnen kann; die Verbindung von Stahl- und Walzwerk gab dieser AG den reinen Walzwerken gegenüber bestimmte Vorteile, die aus den zu Selbstkosten übernommenen Stahlblöcken resultierten. Berücksichtigt man jedoch die Tatsache, daß es bis zur Mitte der 90er Jahre des vorigen Jahrhunderts keine bedeutenden Kartelle der Halbzeugfabrikanten gab und daß andererseits der Aachener Verein genauso wie die reinen Walzwerke von dem Preisdiktat der Roheisenkartelle abhängig war, so erscheint der Vorteil des hier behandelten Unternehmens gegenüber den reinen Werken als nicht sehr groß.

Im Finanzjahre 1890/91 erwarb der „Aachener Hütten-Aktien-Verein" eigene Hochofenanlagen; er wurde jetzt zu dem typischen „gemischten Werk" und damit unabhängig von der Preispolitik der Roheisenkartelle und -syndikate. Ein Blick auf die Dividenden zeigt das Ergebnis:

1891/92	30%	1895/96	30%
1892/93	20%	1896/97	50% (!)
1893/94	20%	1897/98	50% (!)
1894/95	20%		

Selbst in den Krisen- und Depressionsjahren fällt die Dividende nicht unter 20 % und in den Zeiten des Aufschwungs erreicht sie die unerhörte Höhe von 50 %. Innerhalb von 6 Jahren verdoppeln die Aktionäre ihr arbeitsloses Einkommen, ohne auch nur einen Finger zu rühren!

Voller Stolz erklärt Rabius: „Die Dividenden gehören mit zu den höchsten, die Hüttenwerke jemals erzielt haben . . . Sie betragen in der Periode vom Beginn des Thomasverfahrens bis zur Erwerbung der Hochofenanlagen (1880/81 bis 1890/91) 22,95 % durchschnittlich, in der Periode nach Aufnahme der Roheisenproduktion bis zum Jahre 1903/04 31,15 %, im ganzen seit der Aufnahme des Thomasverfahrens 27,4 % durchschnittlich." [53]

Die „Angliederung von neuen Fabrikationszweigen" und die „Sicherung des Roheisenbedarfs des Vereins durch die Erwerbung von Grubenfeldern und Hochöfen",

[52] *Rabius, W.*, a. a. O., S. 118. [53] *Rabius, W.*, a. a. O., S. 124.

wie Rabius sich ausdrückt, fanden neben anderen Ursachen ihren Grund „in den Verhältnissen des Roheisenmarktes, die sich besonders durch die Kartellierung der Roheisenproduzenten immer ungünstiger für das Werk gestalteten".[54]
Diese Tatsache ist für uns von großer Bedeutung.
Sowohl das Syndikat der Puddelroheisenproduzenten als auch das für Thomasroheisen in Lothringen-Luxembug hielten die Preise so hoch, daß der „Verein sich in seiner Lebensfähigkeit bedroht" sah. Daraufhin erwarb die AG Aktien der „Luxemburger Hochöfen-Aktiengesellschaft zu Esch a. d. Alzette". Am 1. Juli 1892 ging die genannte Gesellschaft in Liquidation; Geschäftsführung und Erträgnisse werden vom „Aachener Hütten-Aktien-Verein" übernommen und das Aktienkapital auf 3 080 000 Mark erhöht.
Auf ähnliche Art ging die „Vergrößerung und der Ausbau des Grubenbesitzes" vor sich. Inzwischen war jedoch ein neues Hindernis aufgetaucht. Im Jahre 1893 hatten sich die Kohleproduzenten zu einem Syndikat vereinigt. *„Wie dort, so war es auch hier die Kartellierung der Rohstoffproduzenten, der lästige Druck, welchen sie infolge der Monopolisierung des Marktes auf die Konsumenten ausübten, welcher das Aachener Werk dazu zwang, Gegenmaßregeln zu ergreifen."* [55]
Während die Verkaufspreise des Werkes zu Anfang der 90er Jahre, dem Beginn der Depression, um 5—12 % sanken, fielen die Kokspreise infolge der Preispolitik der Syndikate nur um 3 %, stiegen dann sogar um 8 %, während die Fabrikatspreise weiter sanken. Auch hier fand der „Aachener Hütten-Aktien-Verein" einen Ausweg. Im Herbst 1904 bildete er mit der „Gelsenkirchener Bergwerks-Aktiengesellschaft" und dem „Schalker Gruben- und Hüttenverein" eine Interessengemeinschaft. Drei Jahre später erfolgte die völlige Fusion.
Wir haben damit den Weg von einem unscheinbaren gemischten Betrieb zu einem großen Konzern verfolgt, der schließlich mit Wirkung vom 1. Oktober 1920 in einer noch größeren Interessengemeinschaft, der „Siemens-Rheinelbe-Schuckert-Union" aufging. Dieser Konzern war im Jahre 1923 „der umfangreichste von allen Konzernen" [56] unter Leitung von Stinnes. Das, was Rabius im Jahre 1906 glaubte voraussehen zu können, ist in noch viel schärferer Form eingetreten. Er schrieb damals: „Der ausgeprägte persönliche Charakter des Hüttenvereins wird . . . mehr und mehr verblassen. Ebenso ist die Selbständigkeit und Aktionsfreiheit des Aachener Werks . . . im Begriff, bei einem engeren Zusammenschluß, zumal bei einer schließlichen Verschmelzung der drei Gesellschaften, zu schwinden." [57]
Die Verschmelzung führte dazu, daß der Begriff „Aachener Hütten-Aktien-Verein" nie mehr genannt wurde. Als Troß im Jahre 1923 neben anderen auch ein Register der zur Siemens-Rheinelbe-Schuckert-Union gehörenden Werke anfertigte, erschien da zwar noch unter der Spalte „Firma" der Name „Gelsenkirchener Bergwerks-Aktiengesellschaft", von einem „Aachener Hütten-Aktien-Verein" aber war nicht mehr die Rede.[58]

[54] *Rabius, W.*, a. a. O., S. 85.
[55] *Rabius, W.*, a. a. O., S. 105 (Hervorhebungen durch R. S.).
[56] *Troß, A.*, a. a. O., S. 20. [57] *Rabius, W.*, a. a. O., S. 116. [58] *Troß, A.*, a. a. O., S. 22.

Dieses Beispiel der Entstehung und Ausbreitung eines gemischten Werkes, das schließlich in einem Konzern aufging, steht für viele. Es zeigt die Wirksamkeit einer Reihe von Faktoren, die auf der Basis des sich verschärfenden Konkurrenzkampfes den Übergang eines reinen Werkes zur Kombination verursachten. Ganz deutlich gab es zu erkennen, wie die Preispolitik der Kartelle und Syndikate diesen Prozeß stimulierte.
Wenn aber von einer Preispolitik monopolistischer Verbände die Rede ist, dann verstehen wir darunter zwei Tendenzen: die Wirkung auf den inneren Markt und das die kapitalistischen Wirtschaftsbeziehungen verschärfende Dumping. Inwiefern sich dahinter ein monopolförderndes Moment verbirgt, soll der letzte Abschnitt zeigen.

6. *Die Exportpolitik der Kartelle und Syndikate – Dumping und Ausfuhrvergütungen*

Von welchen Erwägungen sich sowohl Einzelkapitalisten als auch monopolistische Verbände leiten lassen, wenn sie vor der Frage stehen, ob sie im Inland verkaufen oder exportieren sollen, kann man Äußerungen entnehmen, die von Stumm in der Reichstagssitzung vom 26. Januar 1899 getan hat: „Ich habe z. B. vor zwei Jahren ... ein Drittel meiner Produktion exportiert, ich glaube, in diesem Jahre komme ich nicht einmal auf ein Sechstel, aus dem ganz einfachen Grunde, weil jeder vernünftige Mensch doch nicht mehr exportiert, als er im Inland nicht ababsetzen kann, und zwar weil es in der Natur der Sache liegt, daß jeder Export mit einem gewissen Preisnachlaß gegenüber dem Inlandspreise verbunden ist. Das ist in der Eisenindustrie so wie in allen anderen Branchen.“ [59]
Zu Zeiten der Hochkonjunktur, in der Phase des Aufstiegs, werden die Monopole demnach relativ wenig exportieren, während in den Jahren der Depression versucht wird, so viel wie möglich auf den Außenmärkten abzusetzen. Diese allgemeine These hat unter den Bedingungen einer freihändlerischen Handelspolitik genauso Gültigkeit wie unter der Herrschaft des Schutzzolls. Aber im letzteren Falle ist es den Kartellen und Syndikaten möglich, den Konkurrenzkampf auf dem Weltmarkt mit Mitteln zu führen, wie sie gemeinhin nicht zur Verfügung stehen. Die durch den Schutzzoll gewährten Höchstprofite am Binnenmarkt gestatten es nämlich den Monopolen, im Ausland – selbst für längere Zeiten – ein Dumping zu betreiben. Von dieser Möglichkeit ist denn auch weidlich Gebrauch gemacht worden. Einige Beispiele mögen das illustrieren.
Im „Iron and Steel Trades Yournal“ vom 14. November 1903 finden sich in einem Artikel folgende Sätze: „Der Import von deutschem Halbzeug allein im Hafen von Newport hat im letzten Jahre 200 000 t betragen. ... Die Differenz im Preise zwischen dem deutschen und britischen Halbzeug beträgt am Verbrauchsort 10–12 Schilling pro t, und der Import dieses billigen Halbzeuges ermöglicht es allein

[59] Zitiert bei *Vogelstein, Th.*, Die Industrie der Rheinprovinz 1888–1900. 1902, S. 75.

den Fabrikanten, ihren Handel aufrechtzuerhalten und auf dem Weltmarkt zu kämpfen.“ [60]
Der Jahresbericht der Handelskammer zu Düsseldorf aus dem Jahre 1902 weist auf die gleichen Erscheinungen hin: „In Walzdraht machte sich der englische Wettbewerb geltend, weil deutsche Werke den englischen das Halbzeug zu so billigen Preisen lieferten, daß die Engländer den Draht weit billiger herstellen können. An den englischen Verbrauchsplätzen war deutsches Halbzeug dauernd 10 Schilling pro Tonne billiger als englisches, was zur Folge hatte, daß die deutsche Ausfuhr von Fertigwaren erheblich zurückging.“ [61]
Der Vorsitzende der „Palmer Shipbuilding and Iron Company“ in Newcastle gab offen seiner Freude über das deutsche Dumping Ausdruck: „Hinsichtlich der Preisschleuderei der deutschen Fabrikate muß ich gestehen, daß wir Schiffbauer an der Nordostküste uns gratulieren können, das beste Material der Welt so billig kaufen zu können, und trotzdem wir in unserem Interesse als Stahlfabrikanten, die wir selbst Bleche und Winkeleisen fabrizieren, dagegen sein müßten, daß Bleche und Winkel verschleudert werden, müssen wir doch dem Auslande als Schiffbauer sagen: ‚Schleudert, solange ihr könnt‘.“ [62] Daß es auch schon in den achtziger Jahren Verkäufe zu Schleuderpreisen gab, davon berichtet die „Ostseezeitung“ vom 21. 11. 1883.
Es wird dort von dem Dumping der Rheinischen Stahlwerke berichtet, die 5000 t Stahlschienen zu 85 Mark pro Tonne ab Werk nach Italien lieferten; zur gleichen Zeit verkaufte eine Bochumer Hütte an deutsche Bahnen die ungefähr gleiche Qualität zu 135—140 Mark pro Tonne ab Werk.[63]
Selbst bei den Reichstagsverhandlungen über den Zolltarif im Jahre 1879 ist von den verschiedensten Diskussionsrednern auf die Tatsache hingewiesen worden, daß deutsche Schienen im Ausland zu bedeutend niedrigeren Preisen verkauft wurden als im Inland. Die Tatsache, daß die Äußerungen sowohl von freihändlerischer als auch von schutzzöllnerischer Seite kamen, deutet darauf hin, daß es sich bei den Dumping-Verkäufen des Schienenkartells — und um dieses handelt es sich in den 70er und 80er Jahren fast immer, wenn von Preisschleudereien die Rede ist — um keinen Einzelfall gehandelt haben kann.[64]
Die Reihe dieser Beispiele läßt sich beliebig erweitern.
Der Schleuderexport hat verschiedene Folgen. Einmal führt er dazu, daß die deutschen Weiterverarbeiter schwer geschädigt bzw. die ausländischen begünstigt werden, weil den deutschen Abnehmern, z. B. der Halbfabrikate, jene Vergünstigungen nicht zukommen, die den ausländischen infolge des niedrigen Preises

[60] Zitiert bei *Gothein, G.*, Die Wirkungen des Schutzzollsystems in Deutschland, 1909, S. 31.
[61] Ebenda.
[62] cf. Deutscher Reichsanzeiger vom 26. 1. 1904, Bes. Beil. S. 20, zitiert bei Gothein, G., a. a. O., S. 32/33.
[63] DZA Merseburg, Rep. 120 C, VIII, Nr. 65, vol. 1.
[64] Siehe die Rede *Richters* vom 16. 5. 1879. In: „Stenographische Berichte über die Verhandlungen des Deutschen Reichstags“. 4. Legislaturperiode, 2. Session, 1879. 2. Bd., S. 1246.

gewährt werden. Daraus resultiert aber zweitens, daß gerade die Zweige der Schwerindustrie, wie z. B. der Maschinenbau, welche unter normalen Bedingungen, d. h. bei Freihandel, die Exportindustrie par excellence darstellen, in ihrer Entwicklungsmöglichkeit gehemmt werden. Das wiederum heißt: Wenn der deutschen Fertigwarenindustrie der Export und damit die Konkurrenzfähigkeit erschwert wird, müssen das die kartellierten Produzenten der Rohstoffe und Halbfabrikate eines Tages selbst zu spüren bekommen. Aus dieser Erkenntnis sind von den Kartellen und Syndikaten der Montan-, Eisen- und Stahlindustrie an ihre Abnehmer des öfteren Ausfuhrunterstützungen gewährt worden, von denen im theoretischen Teil gesagt war, daß sie in der Regel nur an Verbände gezahlt wurden und damit eine indirekte Wirkung des Schutzzolls hinsichtlich der Monopolbildungen darstellen. Diese Regelung bei der Gewährung von Exportprämien führte dazu, daß die auf Grund der Vielgestaltigkeit der Produkte und ihrer Zersplitterung schwer monopolisierbaren Fertigwarenindustrien noch mehr ins Hintertreffen gerieten, während die Monopolisierung der Zweige vom Rohstoff bis zu den Fabrikaten der Walzwerke noch schneller voranschritt.
In bezug auf diese Probleme standen bei den „Kontradiktorischen Verhandlungen über die deutschen Kartelle“ folgende Fragen im Mittelpunkt: Mit welchen Mitteln wurde der Absatz der Kartelle nach dem In- und Ausland organisiert? Wie hoch war der Absatz? Welchen Wert verkörperte er? Welche Preise wurden erzielt? [65] Dort wurden die Leiter von 14 Kartellen befragt, deren Antworten jedoch wenig Aufschluß über die Exportpolitik brachten. Man ist darum auf verschiedene Pressenotizen und Angaben angewiesen, die u. a. von Morgenroth und Vogelstein in den bereits genannten Schriften zusammengetragen wurden.
Die Ausfuhrvergütungen der Kartelle können auf zweierlei Art gewährt werden. Entweder wird den Abnehmern eines Kartells ein Preisnachlaß auf den Teil der gekauften Ware gegeben, der verarbeitet ins Ausland geht. Oder es wird den Weiterverarbeitern von Zeit zu Zeit ein fester Betrag vergütet, dessen Höhe ganz in der Willkür der Monopole liegt. Die Weiterverarbeiter sind verpflichtet, ihren Abnehmern wiederum eine entsprechende Vergütung zu zahlen. So bildet sich eine ganze Kette von Prämien, die z. B. in folgender Reihenfolge erstattet werden.[66]

1. Die Brennmaterialsyndikate gewähren den Erz- und Roheisensyndikaten Unterstützungen.
2. Die Erz- und Roheisensyndikate unterstützen die Halbzeugproduzenten.
3. Die Halbzeugproduzenten zahlen Unterstützungen an die Walzdrahtverbände.
4. Die Walzdrahtverbände zahlen den Kartellen und Syndikaten der Drahtstiftfabrikanten Ausfuhrprämien.

[65] Siehe: Kontradiktorische Verhandlungen über Deutsche Kartelle – Die vom Reichsamt des Innern angestellten Erhebungen über das inländische Kartellwesen in Protokollen und stenographischen Berichten. Dritter und vierter Band: Eisen und Stahl, Berlin 1904 und 1905.

[66] Genauere Untersuchungen zu dieser Frage finden sich bei *Vogelstein, Th.*, a. a. O., S. 76–84.

Diese Art der Verkettung in der Zahlung von Ausfuhrunterstützungen wird jedoch erst in den 90er Jahren zu einer typischen Erscheinung – vor allem deswegen, weil erst die zu Beginn der 90er Jahre entstehenden Kohlen- und Kokssyndikate dem ganzen Prozeß eine „reale Grundlage" geben.
Die eben besprochene indirekte Wirkung des Schutzzolls trat also relativ spät in Erscheinung. Eine genauere Analyse liegt darum außerhalb des Bereichs unserer Untersuchungen.
Es mag jedoch verständlich geworden sein, daß selbst ein so „entlegener" Prozeß wie der eben besprochene die Herausbildung und Entwicklung monopolistischer Verbände beschleunigte.
Wie bei keinem der bisher behandelten Probleme zeigen sich aber bei der Untersuchung dieses Komplexes Erscheinungen in einer Häufung, die den Parasitismus des höchsten Stadiums in der Geschichte des Kapitalismus so recht verdeutlichen. Obzwar nicht unmittelbar zum Thema gehörig, sollen sie doch zumindest skizziert werden, um vielleicht diesem oder jenem Anregung zu sein, sich intensiver mit dieser Frage zu beschäftigen.
Die Exportpolitik der Kartelle und Syndikate wie überhaupt monopolistischer Verbände ist vor allem in den Jahren kurz nach der Jahrhundertwende von verschiedenen bürgerlichen Ökonomen zum Anlaß genommen worden, um zum Teil recht umfangreiche Untersuchungen darüber anzustellen.[67] Die Verfasser dieser Schriften sind zumeist liberale Ökonomen, die als Vertreter freihändlerischer Interessen gegen die Schutzzollpolitik zu Felde ziehen. Sie machen sich damit zu Wortführern der Bourgeois der weiterverarbeitenden Industrien, deren Existenz von möglichst hohen Exportquoten abhing. Aus diesem Grunde sind ihre theoretischen Kommis bemüht, die nachteiligen Wirkungen der Schutzzollpolitik genau zu analysieren. Deshalb auch kommen sie in vielen Fällen zu Ergebnissen, die objektiv richtig sind. Natürlich muß man dabei immer beachten, daß es keinesfalls in ihrer Absicht liegt, durch ihre Untersuchungen dazu beizutragen, dem kapitalistischen System den Garaus zu machen.
Die erste, immer wieder vertretene Ansicht dieser Ökonomen lautet: Dumping und von den Kartellen gewährte Exportprämien sind ohne Schutzzoll praktisch undurchführbar. (An die Stelle des Schutzzolls kann jedoch – wie im Falle der Kohle- und Koksproduzenten – eine Eisenbahntarifpolitik des Staates treten, die die Ausfuhr begünstigt und die Einfuhr erschwert.) Die Schutzzölle im Bündnis mit den Kartellen stellen ein Mittel dar, um die Inlandpreise so hoch wie möglich über den Weltmarktpreisen zu halten. Dieses „Preispolster" erst gibt die Möglichkeit, die Waren im Ausland zu Schleuderpreisen zu verkaufen. Das verstößt eindeutig gegen die „nationalen" Interessen – mit anderen Worten: gegen die Interessen der übrigen Kapitalisten –, weil die einheimische Exportindustrie

[67] Es seien hier genannt: *Voigt, L.*, Export zu Schleuderpreisen, 1911. *Lotz, W.*, Sonderinteressen gegenüber der Wissenschaft einst und jetzt, 1901. *Moritz, E.*, Eisenindustrie, Zolltarif und Außenhandel, 1902. *Morgenroth, W.*, Die Exportpolitik der Kartelle, 1907. *Glowacki, W.*, Die Ausfuhrunterstützungspolitik der Kartelle. Dissertation 1908.

schwer geschädigt wird. So wurden z. B. deutsche Schiffbauer gezwungen, die erforderlichen Materialien in Holland zu kaufen, die dorthin von deutschen Kartellen der Eisen- und Stahlindustrie geliefert wurden. Das gleiche gilt auch für die Remscheider Stahlwarenfabrikanten.

Hierin ist ohne Zweifel ein parasitäres Element des Imperialismus zu erblicken. Von einer deutschen Bourgeoisie kann man – unter diesem Aspekt betrachtet – schon nicht mehr sprechen. Die Großbourgeoisie läßt ihren nationalen Mantel fallen, obwohl gerade sie es war, die die Phrase vom „Schutz der nationalen Arbeit" am lautesten hinausposaunt hatte. Sie wird kosmopolitisch insofern, als sie sich mit jenem Teil der Bourgeoisie anderer Länder verbindet, der aus ihrem Dumping Vorteile zieht. Aus der herrschenden Klasse als Ganzem schält sich eine immer kleinere Gruppe heraus, die als Finanzoligarchie die Fäden zieht.

Die zweite These kann man so formulieren: Dadurch, daß die Monopole der Grundstoffindustrie einen „Krisenexport" betreiben, werden die Exportinteressen der deutschen Industrie überhaupt geschädigt. Wir erinnern uns der Worte Stumms: Warum exportieren, wenn der innere Markt aufnahmefähig ist. Die Monopole betreiben also keinen kontinuierlichen Export, sondern sehen sich nur hin und wieder genötigt, das Überdruckventil gegenüber dem Ausland zu öffnen. Die Aufnahmefähigkeit des nationalen Marktes ist nach erfolgtem Übergang zum Imperialismus nämlich nicht mehr eine „natürliche", d. h. durch die Gesetze des Kapitalismus der freien Konkurrenz bestimmte, sondern sie wird künstlich erzeugt und damit in jenen Grenzen gehalten, die dem Profitinteresse der Großen entsprechen. Und erst, wenn die Produktion diese Grenzen übersteigt – denn am anarchischen Charakter der Produktion können auch die Monopole nichts ändern – muß der Export herhalten.

Drittens schließlich führt die Gemeinsamkeit von Schutzzöllen und Monopolen zu einer „Auswanderung" neuer Art: Zur Aussiedlung ganzer Industriezweige aus Deutschland, zum Kapitalexport besonderer Art.

Das läßt sich aus folgender Tatsache erklären.

Die Bismarck'sche Wirtschaftspolitik konnte selbstverständlich von den anderen Staaten nicht so ohne weiteres hingenommen werden. Im besonderen mußten sich die industriell noch schwach entwickelten Länder wie Rußland und Österreich-Ungarn vor der Preisschleuderei der deutschen Exporteure schützen. Die Folge war, daß die genannten und andere Länder ebenfalls hohe Schutzzollmauern errichteten, die der einheimischen Industrie genügend Sicherheit vor der ausländischen Konkurrenz geben sollten. Daraufhin sahen sich gewisse stark exportorientierte Zweige der Fertigwarenindustrie Deutschlands in einer doppelten Zange: Einerseits wurden ihnen durch die Preispolitik der Grundstoffmonopole die Materialien dermaßen verteuert, daß sie es ohnehin schwer hatten, um auf ausländischen Märkten konkurrieren zu können; andererseits wurde dieser Export noch erschwert durch die Schutzzollmauern jener Länder, die als wichtigste Absatzgebiete für deutsche Halb- und Fertigfabrikate, vor allem Maschinen, galten. Die Folge war, daß eine Abwanderung von Unternehmen einsetzte, deren Zahl in die Hunderte ging. Ein Beispiel dafür bietet die Industrie der Klein- und

Feldbahnen, deren Wichtigkeit in dem Maße wuchs, wie sowohl Industrie als auch Landwirtschaft durch den Ausbau immer weitverzweigterer Unternehmen neue Transportmittel benötigten. *Moritz* berichtet in dem schon genannten Buch, wie die deutsche Feldbahnindustrie „konsequenterweise dazu übergehen" mußte, „in Österreich-Ungarn selbst Schienen zu kaufen und ihre Fabrikate dort in eigenen Fabriken herstellen zu lassen" [68].

Zum anderen wurden diesem kleinen, aber für den Export enorm wichtigen Industriezweig infolge der Preispolitik der Kartelle die Materialien so verteuert, daß, um ein Beispiel zu nennen, eine der drei Firmen im Jahre 1890 etwa 5–10 % ihrer Materialien im Auslande einkaufte; 1898 waren es 30 %, 1899 45 %, 1900 50 % und 1901 wurden „60 % vom Gesamtumsatz der Firma" im Ausland gekauft. Das heißt, die deutsche Feldbahnindustrie war zu großen Teilen ins Ausland „verzogen".

„Eine ganz ähnliche Entwicklung hat sich in einer Anzahl anderer Branchen der Eisenindustrie vollzogen. Viele große Firmen, welche in ihrem Absatz sich nicht auf Deutschland beschränken konnten, sondern den Export heranziehen mußten, waren gleichfalls gezwungen, im Ausland Fabriken zu errichten. Es kommen hier in Frage die landwirtschaftliche Maschinenbranche, die elektrische Industrie, die Drahtindustrie, der Lokomotivbau ... etc." [69]

So sehen wir schließlich, wie die Schutzzollpolitik Deutschlands direkt und über eine Reihe von Zwischengliedern schädigend auf die deutsche Industrie einwirkte, wie sie die parasitären Elemente verstärkte, die sich zwangsläufig beim Übergang zum Imperialismus herausbilden. Ihre Wirkung lief schließlich darauf hinaus, die Herren von Kohle, Eisen und Stahl noch reicher zu machen, während sie die Unternehmer der Exportindustrien zu Maßnahmen zwangen, die schließlich in einer verstärkten Monopolisierung endeten.

[68] *Moritz, E.*, a. a. O., S. 31. [69] Ebenda.

KAPITEL IV

ZUSAMMENFASSENDE EINSCHÄTZUNG — DARLEGUNG DER UNTERSUCHUNGSERGEBNISSE

Zweck dieser Arbeit war es, wie in der Einleitung formuliert „Klarheit darüber zu gewinnen, ob und in welch konkreter Art und Weise die schutzzöllnerische Wirtschaftspolitik zur Zeit der Kanzlerschaft Bismarcks auf den schnellen Übergang des deutschen Kapitalismus zum Imperialismus eingewirkt hat bzw. ob es berechtigt ist, zu sagen, daß die Schutzzölle maßgeblichen Anteil an der raschen Monopolisierung hatten."

Wenn hier von der Ära Bismarck in der Geschichte des Wilhelmineschen Deutschland die Rede war, dann sollte sich dieser Ausdruck weniger auf die zeitliche Begrenzung des Themas beziehen, als vielmehr die Tatsache zum Ausdruck bringen, daß der Übergang Deutschlands von der Freihandels- zur Schutzzollpolitik während seiner Regierungszeit erfolgte und durch seine aktive Mithilfe zustande kam. Der zeitliche Rahmen bei der Behandlung des Themas ergab sich, was den Beginn anbetrifft, von selbst. Ausgangspunkt mußte das Jahr 1879 sein. Schwieriger gestaltete sich die Wahl des Jahres, mit dem das Thema bzw. seine Bearbeitung enden sollte. Entsprechend der leninschen Periodisierung der Geschichte der Monopole und damit des Übergangs vom vormonopolistischen Kapitalismus zum Imperialismus wurde schließlich das Ende der zweiten Phase als Schlußpunkt gewählt. Nicht einbezogen in die Untersuchung wurden also jene Jahre, die Lenin wie folgt charakterisiert: „III. Aufschwung am Ende des 19. Jahrhunderts und Krise von 1900 bis 1903: Die Kartelle werden zu einer der Grundlagen des ganzen Wirtschaftslebens. Der Kapitalismus ist zum Imperialismus geworden." [1]

Man könnte fragen, warum diese Periode außerhalb der Untersuchung blieb. Wir glauben, daß sich hinsichtlich der Einwirkung des Schutzzolls auf die Herausbildung von Monopolen nach 1894/95 kein qualitativer Sprung vollzieht und darum der Untersuchungszeitraum ausreichte, um das Wesen dieses Prozesses zu zeigen. Andererseits hätte eine Ausdehnung des Themas auf die dritte Etappe

[1] *Lenin, W. I.*, a. a. O., S. 781.

der Monopolisierung die Darstellung einer Reihe von Fakten notwendig gemacht, die den Rahmen der Studie gesprengt hätten.

Zu welchen Ergebnissen führte die Untersuchung? Im allgemeinen kann die Frage, ob in der Schutzzollpolitik ein Grund für den raschen Gang der Monopolisierung in Deutschland zu suchen sei, voll bejahend beantwortet werden. Es wurde jedoch schon an anderer Stelle vermerkt, daß man sich mit einer solch summarischen Feststellung nicht zufrieden geben kann. Sie stellt weder eine neue Erkenntnis in der wirtschaftshistorischen Forschung dar, noch sagt sie etwas darüber aus, *wie* die Schutzzollpolitik im einzelnen den Prozeß der Monopolbildung stimuliert und damit den Übergang zum letzten Stadium des Kapitalismus beschleunigt hat. Die Antwort auf die Frage nach den konkreten Formen dieser Einwirkung mußte darum zum speziellen Zweck der vorliegenden Studie gemacht werden.

Methodisch wurde dabei so vorgegangen, daß wir uns zunächst um eine theoretische Analyse der Wechselwirkung von Schutzzöllen und Monopolen bemühten. Wertvolle Hilfe leisteten dabei die Bemerkungen von Marx, Engels und Lenin, die sich an verschiedenen Stellen ihres Gesamtwerkes fanden. Die in Kapitel III vorgenommenen Untersuchungen mußten dann zeigen, ob die gewonnenen Thesen ein ungefähres Bild der wirklichen Entwicklung vermittelten oder ob die Praxis ihnen widersprach.

Als bewiesen darf die erste These angesehen werden, in der behauptet worden war, daß die Schutzzölle zu einem Ausschluß der ausländischen Konkurrenz vom deutschen Markt geführt haben. Das kann natürlich nicht im Sinne einer absoluten Feststellung aufgefaßt werden, weil die Einfuhr von Roheisen, Eisen- und Stahlfabrikaten nicht gänzlich unterbunden werden konnte. Der Schutzzollpolitik Bismarcks gebührt auch keineswegs ein so großes „Verdienst" — im Interesse der Schwerindustriellen — wie das nach Verlassen der freihändlerischen Handelspolitik in vielen Dankschreiben und Telegrammen von seiten der an Schutzzöllen interessierten Unternehmer und Kapitalistenverbände an den Reichskanzler versichert wurde. Im großen und ganzen war die Einfuhr ausländischer Erzeugnisse der Eisen- und Stahlindustrie schon vor 1879 minimal und darum hatte es der Schutzzoll nicht schwer, bei einer Reihe von Waren einfuhrhemmend zu wirken. Durch die Praxis bestätigt wurde auch die Ansicht, daß damit eine wesentliche Vorbedingung für die schnelle Monopolisierung gegeben war. Hier gilt es jedoch zu unterscheiden hinsichtlich der Wirkung auf die Eisen- und Stahlindustrie. Die Absperrung des nationalen Marktes gegenüber der ausländischen Konkurrenz konnte zunächst keinen oder doch nur einen geringen Einfluß auf den Konkurrenzkampf im Innern des Landes ausüben. Deshalb mußte untersucht werden, inwieweit der Konzentrations- und Zentralisationsprozeß zur Vernichtung oder Aufsaugung von Unternehmen geführt hatte. Die Statistik bewies, daß in der Roheisenindustrie eine Verminderung der Zahl der Hochöfen und Hochofenwerke stattgefunden hatte, während die Stahl- und Walzwerke an Zahl zugenommen hatten. Aus diesem Grunde mußten sich die Vorbedingungen für eine rasche Herausbildung von Monopolen einerseits als günstig, andererseits als weniger günstig erweisen. Es zeigte sich dann auch, daß uns im Untersuchungszeitraum keine bedeutenden Verbände von Unternehmen der Stahlindustrie begegnen.

In These zwei war behauptet worden, daß die Schutzzölle maßgeblichen Anteil an der Bildung gemischter Betriebe hatten, weil diese reaktionäre Wirtschaftspolitik es den Monopolen der Grundstoffindustrie ermöglichte, ihren Abnehmern die Waren zu Höchstpreisen zu verkaufen. Um diesem Preiszwang zu entrinnen, wurden die sogenannten reinen Werke – wie z. B. die Stahl- und Walzwerke – gezwungen, zur Bildung von Kombinationen überzugehen. Bei der Untersuchung dieser Erscheinungen tat sich zunächst ein Widerspruch auf. Einerseits bestätigten viele Angaben die Bildung gemischter Betriebe, andererseits stellten wir fest, daß das Preisniveau für die von den Monopolen der Grundstoffindustrie erzeugten Waren nach 1879 bis zum Ende des Untersuchungszeitraumes keine wesentliche Erhöhung erfuhr, ja die Preise zum Teil unter dem Niveau der Jahre vor 1879 lagen.

Die Lösung dieses Widerspruchs liegt auf zwei verschiedenen Ebenen. Einmal verdeckte die Nominalhöhe der Preise die Tatsache, daß die Erzeugungskosten pro Tonne Fabrikat nach 1879 infolge einer Reihe technischer Verbesserungen sanken, während die Preise auf dem gleichen Niveau blieben. De facto hat also eine Verteuerung der Waren stattgefunden. Zum anderen hat es selbst die Gemeinsamkeit von Schutzzöllen und Monopolen nicht vermocht, die Preise auf eine solche Höhe zu schrauben, wie es von den Schutzzollagitatoren erhofft worden war. Eine Fortsetzung der Studie über den Untersuchungszeitraum hinaus würde uns zeigen, daß ungefähr vom Jahre 1895 ab in den Preisen für Eisen- und Stahlwaren Schutzzoll und Fracht in ihrer vollen Höhe zum Ausdruck gekommen sind.

Trotz der Tatsache, daß der Schutzzoll erst dann zu seiner vollen Wirkung kommen kann, wenn er sein Betätigungsfeld in einer stark monopolisierten Wirtschaft erhält, hat er den Betrieben der Grundstoffindustrie doch einen so großen Vorsprung im Konkurrenzkampf gegeben, daß die Betriebe der weiterverarbeitenden Industrie zur Bildung von Kombinationen übergehen mußten, um dem Preisdruck der Monopole zu entgehen. Es wird nun zu einem eminenten Interesse der monopolistischen Verbände, vom Staat immer höhere Schutzzölle zugesichert zu bekommen, weil die Profite um so höher steigen, je intensiver die Absperrung gegenüber dem Ausland erfolgt.

In These drei war die Meinung vertreten worden, daß die Ausfuhrvergütungen der Kartelle und Syndikate ebenfalls monopolfördernd wirkten, weil sie in der Regel nur solchen Betrieben gewährt wurden, die sich in Monopolen zusammengeschlossen hatten. Da die weiterverarbeitenden Betriebe auf den Export angewiesen waren, mußten sie sich dem Druck der Monopole in der extraktiven Industrie fügen und Kartellen beitreten.

Der Nachweis dafür ließ sich für die Jahre bis um 1890 nicht erbringen, weil die Ausfuhrvergütungen erst nach diesem Zeitpunkt zu einer regulären Einrichtung wurden. Auch hier hätte die Weiterführung der Untersuchungen bewiesen, daß diese Wirkung in den folgenden Jahren tatsächlich eingetreten ist.

Schließlich war die These aufgestellt worden, daß der Schutzzoll auch insofern an der Monopolisierung mitgewirkt habe, als die den Monopolen der Grundstoffindustrie von seiten der nachfolgenden Produktionszweige gezahlten Extraprofite die Monopolisierung stärkten.

Die Teilergebnisse zusammenfassend kommen wir zu folgendem Schluß:

Der Übergang von der Freihandels- zur Schutzzollpolitik hat die Herausbildung des letzten Stadiums kapitalistischer Produktionsverhältnisse beschleunigt, er hat dazu beigetragen, daß sich in Deutschland früher als in anderen kapitalistischen Ländern jene Momente herausbildeten, die den endgültigen Übergang eines kapitalistischen Landes zum Imperialismus charakterisieren.

*

Wollen wir zum Abschluß die Frage beantworten, ob das Thema eine Überarbeitung überhaupt rechtfertigte, ob es uns nicht von Aufgaben wegführte, die im Augenblick ihrer dringenden Lösung harren. In Lenins Schrift „Der Imperialismus als höchstes Stadium des Kapitalismus" findet sich folgende Stelle: „Die Tatsachen zeigen, daß die Unterschiede zwischen den einzelnen kapitalistischen Ländern, z. B. in bezug auf Schutzzoll oder Freihandel, bloß unwesentliche Unterschiede in der Form der Monopole oder in der Zeit ihres Aufkommens bedingen, während die Entstehung der Monopole infolge der Konzentration der Produktion überhaupt ein allgemeines Grundgesetz des Kapitalismus in seinem heutigen Entwicklungsstadium ist." [2]

Erhärtet diese Meinung Lenins nicht sogar die Ansicht, daß die Beschäftigung mit diesem Thema von geringem Nutzen sei?

Es ist eine Sache, die Entstehung von Monopolen überhaupt beweisen zu wollen und jenes Gesetz aufzuspüren, dessen Wirken letztlich ihr Aufkommen und ihre Entstehung bedingt, und eine andere, für ein gegebenes Land die konkreten Formen zu untersuchen, mittels deren die Monopolisierung zum Ausdruck kam und unterstützt wurde. Vom Standpunkt des Gesetzes der Konzentration und Zentralisation der Produktion und des Kapitals ist die Entstehung des amerikanischen, des deutschen und des französischen Imperialismus immer die gleiche Folge des Wirkens dieses Gesetzes. Wenn wir aber fragen, unter welchen historischen Bedingungen, bei Existenz welcher Klassenverhältnisse, welcher wirtschaftspolitischen Maßnahmen usw. der Übergang zum Imperialismus zustande kommt, verwandelt sich der bei einer allgemeinen Betrachtung unwesentliche Unterschied in einen wesentlichen. Wir glauben, mit Hilfe dieses Themas den Beweis angetreten zu haben, daß es der deutsche Kapitalismus war, der zuerst *die* Maßnahmen ergriff, die in sich die Aggressivität, den Drang zu einer kriegerischen Auseinandersetzung mit den anderen imperialistischen Ländern offenbarten. Bismarcks Wirtschaftspolitik stellte den Anfang jener Schraube dar, die ein Land nach dem anderen in den Strudel der Schutzzöllnerei hineinriß, bis selbst England seine

[2] *Lenin, W. I.*, a. a. O., S. 780.

Freihandelspolitik aufgeben mußte. Der Schutzzoll war nicht nur ein Kampfinstrument in der wirtschaftlichen Auseinandersetzung mit den anderen Mächten, er wurde zu einem Politikum ersten Ranges, als die Profitinteressen der Bourgeoisie Deutschlands, Englands, Frankreichs, Amerikas, Rußlands und anderer Staaten auf dem Weltmarkt zusammenprallten. Der Schutzzoll war zugleich Ausdruck des 1879 wiederum erneuerten Bündnisses zwischen dem Junkertum und der Großbourgeoisie. In ihm kristallisierten sich die reaktionären Bestrebungen sowohl des Junkertums als auch der Industriellen der Schwerindustrie.

*

Heute spielt sich unter Führung des westdeutschen Imperialismus im westlichen Lager das genaue Gegenteil von dem ab, was hier versucht wurde zu analysieren. Glaubten die herrschenden Klassen Deutschlands nach dem Sieg über Frankreich mit Hilfe des Schutzzolls auf andere Märkte vordringen zu können, so wähnt sich die westdeutsche Großbourgeoisie heute so stark, ihre Profitinteressen mittels des Freihandels zu verwirklichen. Die sogenannte europäische Integration findet ihr Pendant in dem Versuch, die westeuropäischen Länder in eine vom deutschen Imperialismus beherrschte Freihandelszone zu pressen. Letztlich sind jedoch weder Schutzzoll noch Freihandel geeignete Mittel, den Kapitalismus aus seinem Dilemma herauszuführen. Es gibt für ihn keine andere Perspektive als die seines Untergangs.

ANHANG

QUELLEN UND MATERIALIEN

ANLAGE I

R. 973. pr. 11. Juni 1880.

Juni 1880. Aufgegeben in Dortmund den 11 um 2 Uhr 58 M. N mit.
Angekommen in Berlin den 11 um Uhr M. 4 mit.

Telegraphie des Deutschen Reiches.

Nr. 442, 96 Worte.

Durchlaucht Fürst Bismarck

Berlin

Die heute in Dortmund versammelten Vertreter von 80,000 Bergleute beschäftigenden Zechen des Niederrheinisch Westfälischen Bergbau Bezirks erlauben sich Ew. Durchlaucht ehrerbietigsten Dank und Glückwunsch zu bieten für die erfolgreiche Förderung, welche Hochdieselben in schwerer Zeit der Industrie Deutschlands, namentlich auch dem für den Wohlstand zahlreicher Bevölkerungsklassen entscheidenden Zweigen der Kohlen und Eisen Industrie zuwandten. Mögen Ew. Durchlaucht die Genugthuung haben, daß unter den segensreichen Wirkungen der Wiedergesundung unserer wirthschaftlichen Verhältnisse Hochdieselben aus allen Theilen des Reichs immer kräftigere Zustimmung und Anerkennung zu Theil werde.

Im Auftrage
Dr Hammacher
Dr Natorp

Lit. D. № 12.

R. 2803. pr. 16. Dezember 1881. 2 Anl.

VEREIN
DEUTSCHER EISEN- UND STAHL-INDUSTRIELLER.

Berlin den 12. December 1881.

Ew. Durchlaucht

gestatten wir uns ehrerbietigst mitzutheilen, daß in unserer Generalversammlung vom 8. December d. J. einstimmig folgender Beschluß gefaßt worden ist:

Die Generalversammlung des Vereins deutscher Eisen- und Stahlindustrieller nimmt Kenntniß von der gestern durch den Ausschuß des Centralverbandes deutscher Industrieller gefaßten Resolution bezüglich der wohlthätigen Wirkung der Zollreform vom 15. Juli 1879. Sie erklärt ihre volle Zustimmung zu dieser Reso-

Sr. Durchlaucht
dem Fürsten Bismarck,
Kanzler des Deutschen Reichs,

Berlin.

leiden und bestätigt für die durch den gänzlichen Wegfall des Zollschutzes am schwersten betroffene Eisenindustrie die erfreuliche Besserung, welche sowohl in der Gesammtlage der Industrie als insbesondere in den Lohnverhältnissen des Arbeiterstandes zu Tage getreten ist."

Zur Begründung unseres Beschlusses beehren wir uns Ew. Durchlaucht hochgeneigter Kenntnißnahme in dem Protokoll unserer Generalversammlung den Bericht über die Geschäftslage der Eisenindustrie und die Thätigkeit des Vereins im verflossenen Jahre zu unterbreiten.

Ew. Durchlaucht

gehorsamst ergebener

Verein deutscher Eisen- u. Stahlindustrieller.

[illegible]

Dr. H. Rentzsch

A. 444 pr. 17. Februar 1879

VEREIN
DEUTSCHER EISEN- UND STAHL-INDUSTRIELLER.

Ll. / Angabe vom 1/2.

An das Geheime Secretariat
Sr. Durchlaucht des Fürsten von Bismarck

Berlin.

Der unterzeichnete Verein hat eine Deputation, bestehend aus

Herrn Richter, Generaldirector der Vereinigten Königs- und Laurahütte in Berlin,

Herrn Servaes, Generaldirector des Berg- und Hüttenwerks Phoenix in Laar bei Ruhrort,

Herrn Commerzienrath Meyer, General-Bevollmächtigter der Borsig'schen Eisenwerke zu Berlin,

Herrn Geheimen Commerzienrath Schwartzkopff zu Berlin, und

Herrn Schäffner, Generaldirector der Hüttenwerke zu Dillingen a. d. Saar

mit dem Auftrage betraut, bei Sr. Durchlaucht dem Herrn Reichskanzler Fürsten von Bismarck sich eine Audienz zu erbitten, um in einer Darlegung der hart bedrängten Lage der deutschen Eisenindustrie bei der Revision des deutschen Zolltarifs um die Erfüllung unserer schwer bedrohten

Interessen ehrerbietigst nachsuchen zu dürfen.

Die genannten Herren würden es mit dankbarster Freude begrüßen, wenn Se. Durchlaucht geruhen wollte, die erbetene Audienz am 19 d. Mts. gütigst zu bewilligen.

Geehrtes Geheim. Secretariat ersuchen wir ergebenst, Sr. Durchlaucht unsere ehrerbietigste Bitte zu unterbreiten und uns über Höchstdessen Entscheidung gefälligst Mittheilung zugehen zu lassen.

In vorzüglicher Hochachtung

Verein deutscher Eisen- u. Stahlindustrieller
im Auftrage
der Geschäftsführer
Dr. H. Rentzsch.

Berlin den 17 Februar 1879.
Karlsbad 9.2.

ANLAGE II

Auszug aus dem Zolltarif vom 15. Juli 1879 im Vergleich zu den entsprechenden Sätzen des Vereinzolltarifes vom 7. Juli 1873

(einschl. die Bestimmungen betreffend die Aufhebung der Zölle ab 1. 1. 1877)

(Angaben entnommen aus *Krökel, Carl*, Das preußisch-deutsche Zolltarifsystem in seiner historischen Entwicklung seit 1818, Teil II, Tabellenwerk. Jena 1881)

Nr. bzw. Position des Zolltarifs	Artikel	1879	1873
		in Mark	
6 a	Roheisen aller Art, Brucheisen und Abfälle aller Art von Eisen, ab 1. 6. 79, pro 100 kg	1,—	frei
6 b	schmiedbares Eisen (Schweißeisen, Schweißstahl, Flußeisen, Flußstahl) in Stäben mit Einschluß des faconnierten; Radkranzeisen, Pflugschareneisen; Eck- und Winkeleisen; Eisenbahnschienen, Eisenbahnlaschen, Unterlageplatten und Schwellen ab 25. 7. 79, pro 100 kg	2,50	2,— frei ab 1. 1. 77
6 c	Platten u. Bleche aus schmiedbarem Eisen		
	1. rohe ab 25. 7. 79, pro 100 kg	3,—	2,— frei ab 1. 1. 77
	2. polierte, lackierte usw. verzinnte (-Weißblech) ab 25. 7. 79, pro 100 kg	5,—	2,— frei ab 1. 1. 77
6 d	Draht, auch verkupfert usw.	3,—	2,— frei ab 1. 1. 77
6 e	Eisenwaren		
	1. ganz grobe		
	α aus Eisenguß ab 25. 7. 79, pro 100 kg	2,50	2,— frei ab 1. 1. 77
	β Eisen, welches zu groben Bestandteilen von Maschinen roh vorgeschmiedet ist, Brücken, Anker, Ketten, Drahtseile, Eisenbahnachsen usw., Kanonenrohre, Schraubstöcke, Winden usw., ab 25. 7. 79 pro 100 kg	3,—	2, — frei ab 1. 1. 77

Nr. bzw. Position des Zolltarifs	Artikel	1879	1873
		in Mark	
	γ gewalzte u. gezogene Röhren aus schmiedbarem Eisen, ab. 25. 7. 79, pro 100 kg	5,–	5,– frei ab 1. 1. 77
	2. grobe		
	α anderweitig nicht genannte ab 25. 7. 79, pro 100 kg	6,–	5,– frei ab 1. 1. 77
	β abgeschliffen, gefirnißt, verkupfert usw., Hämmer, Beile, Äxte, Messer, Sensen, Zangen, Dung- und Heugabeln usw. ab. 25. 7. 79, pro 100 kg	10,–	5,– frei ab 1. 1. 77
	γ Hobeleisen, Meißel, Scheren, Sägen usw. ab 25. 7. 79, pro 100 kg	15,–	5,– frei ab 1. 1. 77
	3. feine		
	aus feinem Eisenguß und aus schmiedbarem Eisen ab 25. 7. 79, pro 100 kg	24,–	24,–
7	Erden, Erze, edle Metalle ab 1. 1. 80, pro 100 kg	frei	frei
15	Instrumente, Maschinen und Fahrzeuge		
	b) Maschinen		
	1. Lokomotiven, Lokomobilen ab 25. 7. 79, pro 100 kg	8,–	4,– frei ab 1. 1. 77
	2. andere Maschinen vorwiegend aus Holz, Gußeisen, schmiedbarem Eisen ab 25. 7. 79, pro 100 kg	3,– bis 5,–	2,– frei ab 1. 1. 77
	c) Wagen und Schlitten		
	1. Eisenbahnfahrzeuge, roh ab 25. 7. 79	6% v. Wert	frei ab 1. 1. 77
	2. andere ab 25. 7. 79	10% v. Wert	10%
	d) See- und Flußschiffe ab 1. 1. 80	frei	8%

ANLAGE III · BLATT 1

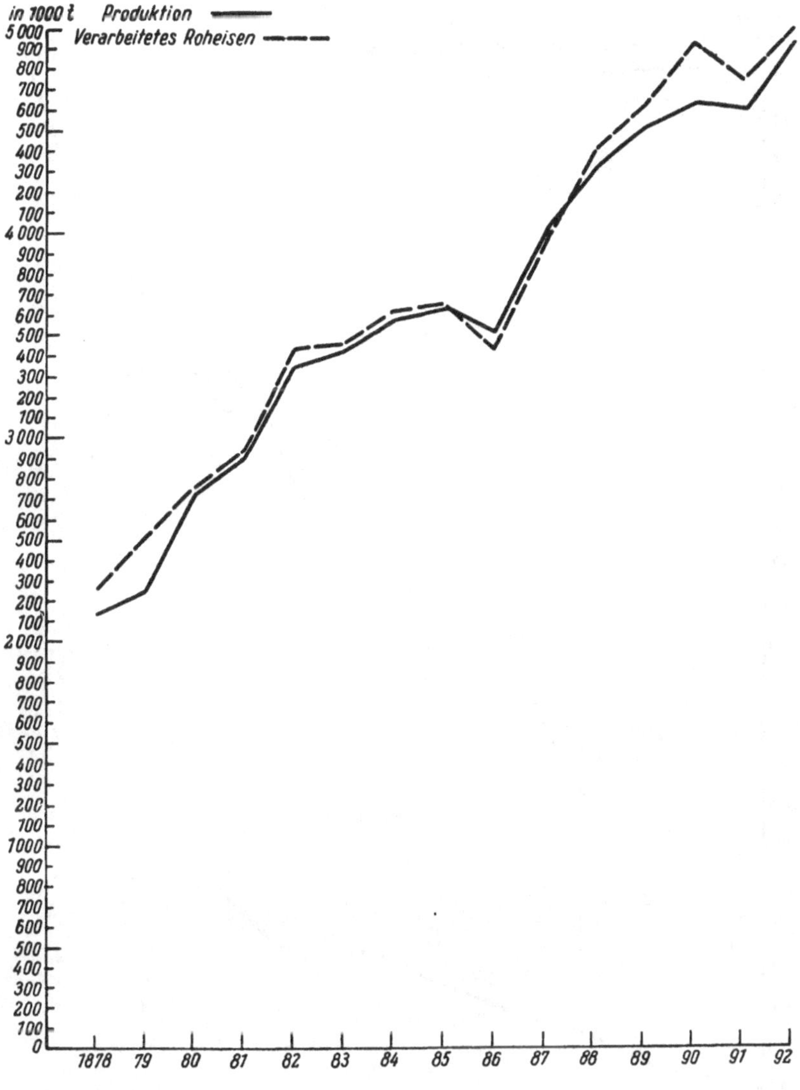

Roheisenproduktion Deutschlands (einschl. Luxemburgs) 1878–1892 in 1000 t

Zahlen entnommen aus: Statistisches Handbuch für das Deutsche Reich, Erster Teil, Berlin 1907, S. 258/259)

ANLAGE III · BLATT 2

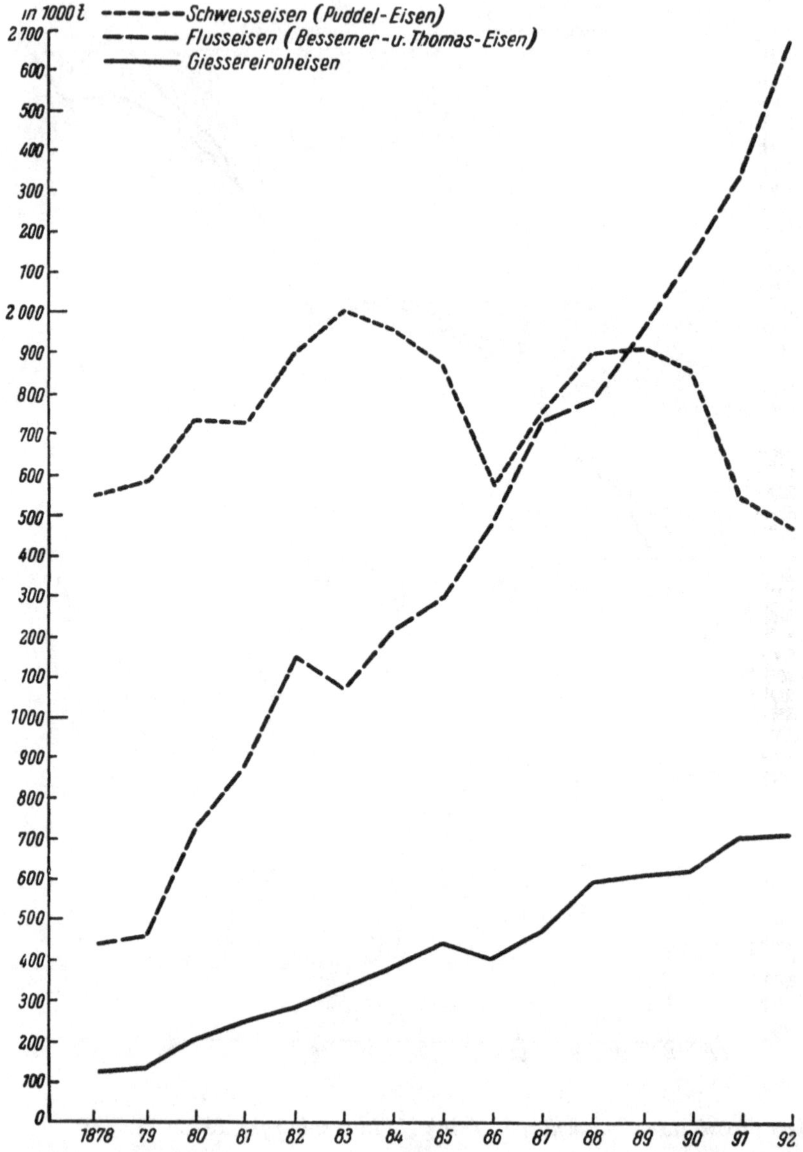

Roheisenproduktion Deutschlands (einschl. Luxemburgs) 1878—1892, aufgeschlüsselt nach Sorten, in 1000 t

(Zahlen entnommen aus: Statistisches Handbuch für das Deutsche Reich, Erster Teil, Berlin 1907, S. 258/259)

ANLAGE III · BLATT 3

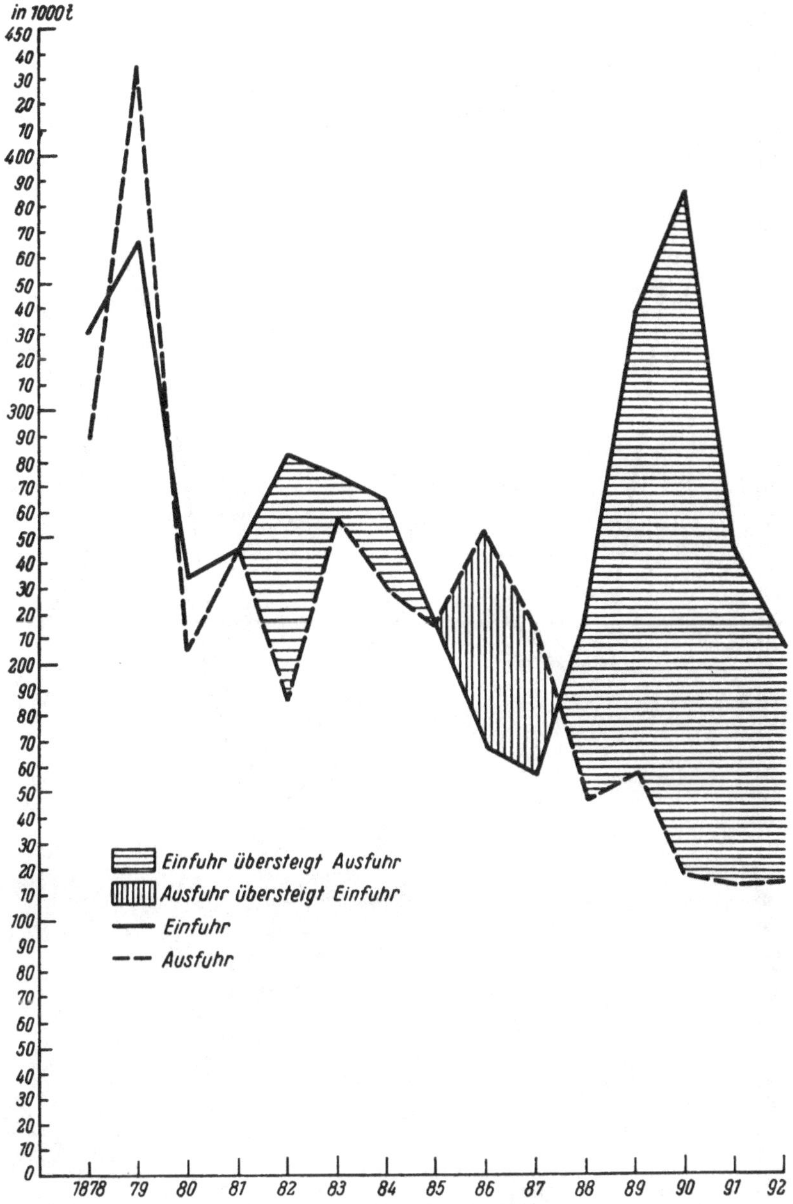

*Roheiseneinfuhr und -ausfuhr Deutschlands 1878–1892 in 1000 t**

* (Einfuhrzahlen für 1878 korrigiert, da in den Angaben des Statistischen Handbuches Durchfuhr enthalten.)

(Zahlen entnommen aus: Statistisches Handbuch für das Deutsche Reich, Zweiter Teil, Berlin 1907, S. 84—87)

ANLAGE III · BLATT 4

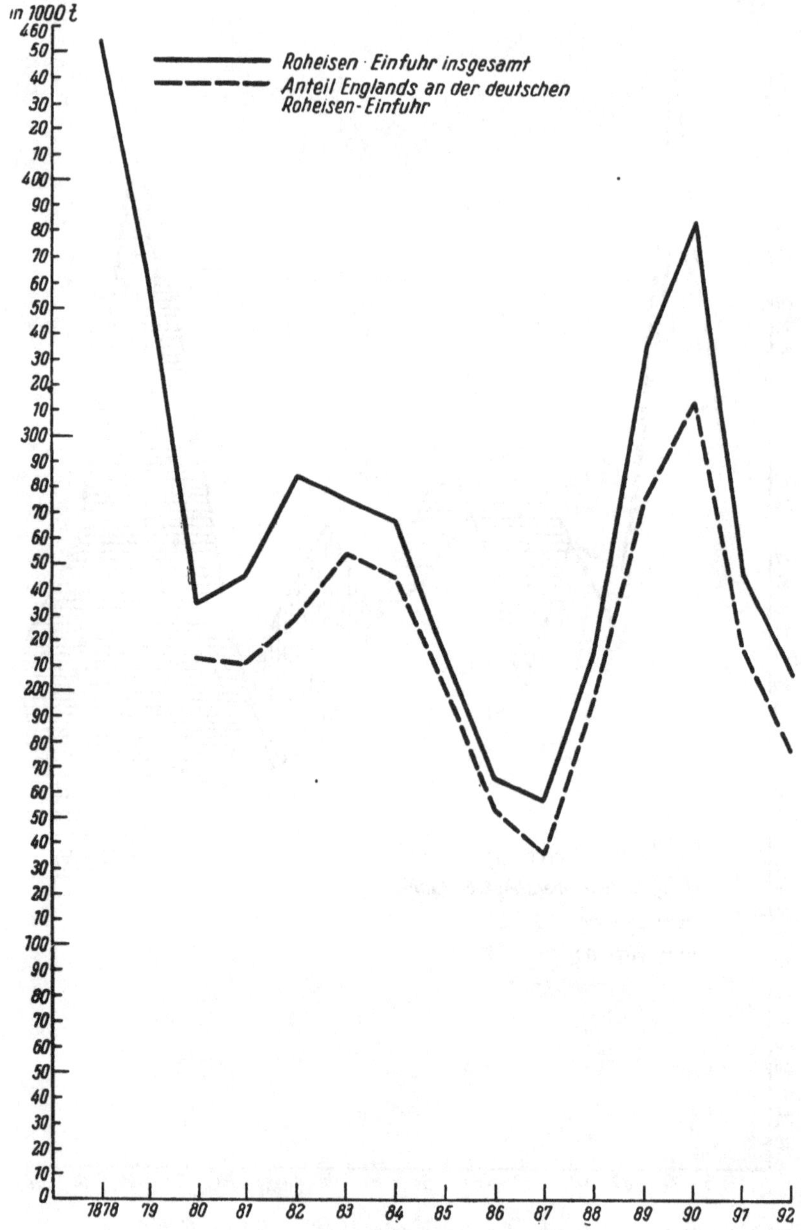

Roheiseneinfuhr Deutschlands 1878–1892 und Anteil Englands an derselben, in 1000 t

(Zahlen entnommen aus: Statistisches Handbuch für das Deutsche Reich, Zweiter Teil, Berlin 1907, S. 460 und 84—87)

ANLAGE III · BLATT 5

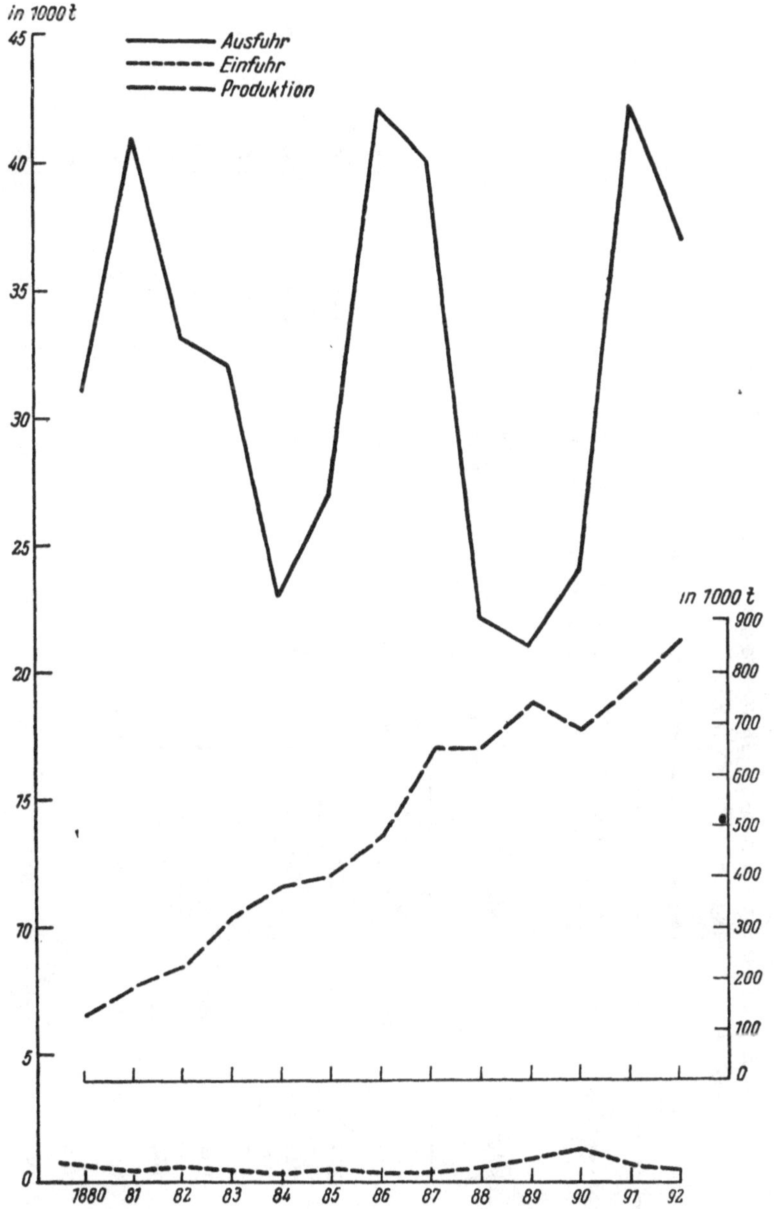

Produktion, Ein- und Ausfuhr von Halbfabrikaten (Luppeneisen, Rohschienen, Ingots) in 1000 t

(Zahlen entnommen aus: Statistisches Handbuch für das Deutsche Reich, Berlin 1907, Erster Teil, S. 258/259; Zweiter Teil, S. 84—87)

ANLAGE IV

1. Der Konzentrationsprozeß in der Hüttenindustrie Deutschlands (einschl. Luxemburgs) dargestellt an Hand der Entwicklung von 1871 bis 1899

(absolute Zahlen entnommen aus: Statistisches Handbuch für das Deutsche Reich, Erster Teil, Berlin 1907, S. 258)

Jahr	Zahl der Hochofenwerke		Zahl der vorhandenen Hochöfen		Zahl der in Betrieb gewesenen Hochöfen		Roheisenproduktion		
	absolut	in % von 1871	absolut	in % von 1871	absolut	in % von 1871	in 1000 t	in % von 1871	pro in Betrieb gewesenen Hochöfen in 1000 t
1871	213	100	395	100	306	100	1.564	100	51
1872	219	103	450	114	348	114	1.988	127	57
1873	244	114	475	120	379	124	2.241	143	60
1874	219	103	472	119	339	111	1.906	122	56
1875	194	91	455	115	289	94	2.029	130	70
1876	166	78	456	115	236	77	1.846	118	78
1877	143	67	308	78	212	69	1.933	124	91
1878	134	63	298	75	212	69	2.148	137	101
1879	127	60	291	74	210	69	2.227	142	106
1880	140	66	314	80	246	80	2.729	175	110

1881	139	65	313	79	251	82	2.914	186	116
1882	137	64	316	80	261	85	3.381	216	129
1883	136	64	313	81	258	84	3.470	222	134
1884	133	62	308	78	232	82	3.601	228	143
1885	125	59	298	75	229	75	3.687	236	161
1886	119	56	285	72	215	70	3.529	226	164
1887	110	52	271	69	212	69	4.024	258	190
1888	111	52	271	69	211	69	4.337	277	205
1889	108	51	264	67	213	70	4.525	289	212
1890	108	51	268	68	222	73	4.658	298	209
1891	109	51	270	68	218	71	4.641	296	213
1892	109	51	266	67	215	70	4.937	316	230
1893	103	48	263	67	204	67	4.986	319	244
1894	102	48	258	65	208	68	5.380	344	259
1895	104	49	263	67	212	69	5.464	350	272
1896	106	50	265	67	219	72	6.373	407	290
1897	109	51	273	69	242	69	6.881	440	284
1898	109	51	281	71	253	83	7.313	467	290
1899	108	51	285	72	263	86	8.143	520	309

2. *Der Konzentrationsprozeß in der Fluß-Stahlproduktion (Bessemer- und Thomasprozeß) Deutschlands (einschl. Luxemburgs)*

Dargestellt an Hand der Entwicklung von 1877–1899

(Absolute Zahlen entnommen aus: Statistisches Handbuch für das Deutsche Reich, Erster Teil, Berlin 1907, S. 266/67).

Jahr	Zahl der Flußstahl- und Walzwerke		Produktion von Erzeugnissen der Flußstahl- und Walzwerke			
	absolut	in % von 1877	Fertigfabrikate in 1000 t	Halbfabrikate in 1000 t	Zusammen in 1000 t	in % von 1877
1877	54	100	400	11	411	100
1878	50	93	471	18	489	119
1879	57	106	455	46	501	120
1880	53	98	589	71	660	161
1881	66	122	775	122	897	218
1882	75	139	926	149	1.075	261
1883	73	135	860	201	1.061	258
1884	82	152	863	276	1.139	277
1885	84	156	894	308	1.202	293
1886	90	167	955	422	1.377	335
1887	94	174	1.164	575	1.739	324
1888	101	187	1.299	564	1.863	452
1889	111	205	1.425	670	2.095	510
1890	115	213	1.614	618	2.232	553
1891	117	217	1.841	721	2.562	622
1892	122	226	1.977	779	2.756	672
1893	139	257	2.232	932	3.164	770
1894	146	270	2.608	1.033	3.641	887
1895	149	276	2.830	1.131	3.961	965
1896	153	283	3.462	1.358	4.820	1.170
1897	164	304	3.863	1.273	5.136	1.250
1898	170	315	4.353	1.428	5.781	1.400
1899	177	328	4.820	1.508	6.328	1.540

3. *Der Konzentrationsprozeß in der Puddelstahlproduktion Deutschlands (einschl. Luxemburgs) dargestellt an Hand der Entwicklung von 1877—1900*

(Absolute Zahlen entnommen aus: Statistisches Handbuch für das Deutsche Reich, Erster Teil, Berlin 1907 S. 264/65)

Jahr	Zahl der Puddelstahl- und Walzwerke		Produktion von Erzeugnissen der Puddelstahl- und Walzwerke			
	absolut	in % von 1877	Fertigfabrikate in 1000 t	Halbfabrikate in 1000 t	Zusammen in 1000 t	in % von 1877
1877	374	100	1.040	46	1.076	100
1878	346	92	1.132	62	1.194	110
1879	351	94	1.150	66	1.216	112
1880	335	90	1.267	91	1.358	125
1881	345	92	1.349	73	1.422	131
1882	335	90	1.496	90	1.586	146
1883	335	90	1.449	122	1.571	145
1884	321	86	1.491	102	1.593	147
1885	313	84	1.413	92	1.505	139
1886	303	81	1.364	51	1.415	130
1887	286	77	1.549	76	1.625	150
1888	270	72	1.559	86	1.645	152
1889	261	70	1.673	77	1.750	161
1890	255	68	1.487	72	1.559	144
1891	250	67	1,412	69	1.481	136
1892	246	66	1.279	84	1.363	125
1893	218	58	1.078	96	1.174	107
1894	213	57	1.062	77	1.139	105
1895	208	56	993	84	1.077	99
1896	192	51	1.111	87	1.198	109
1897	186	50	1.032	80	1.112	102
1898	176	47	1.077	83	1.160	107
1899	175	47	1.125	79	1.204	111

ANLAGE V

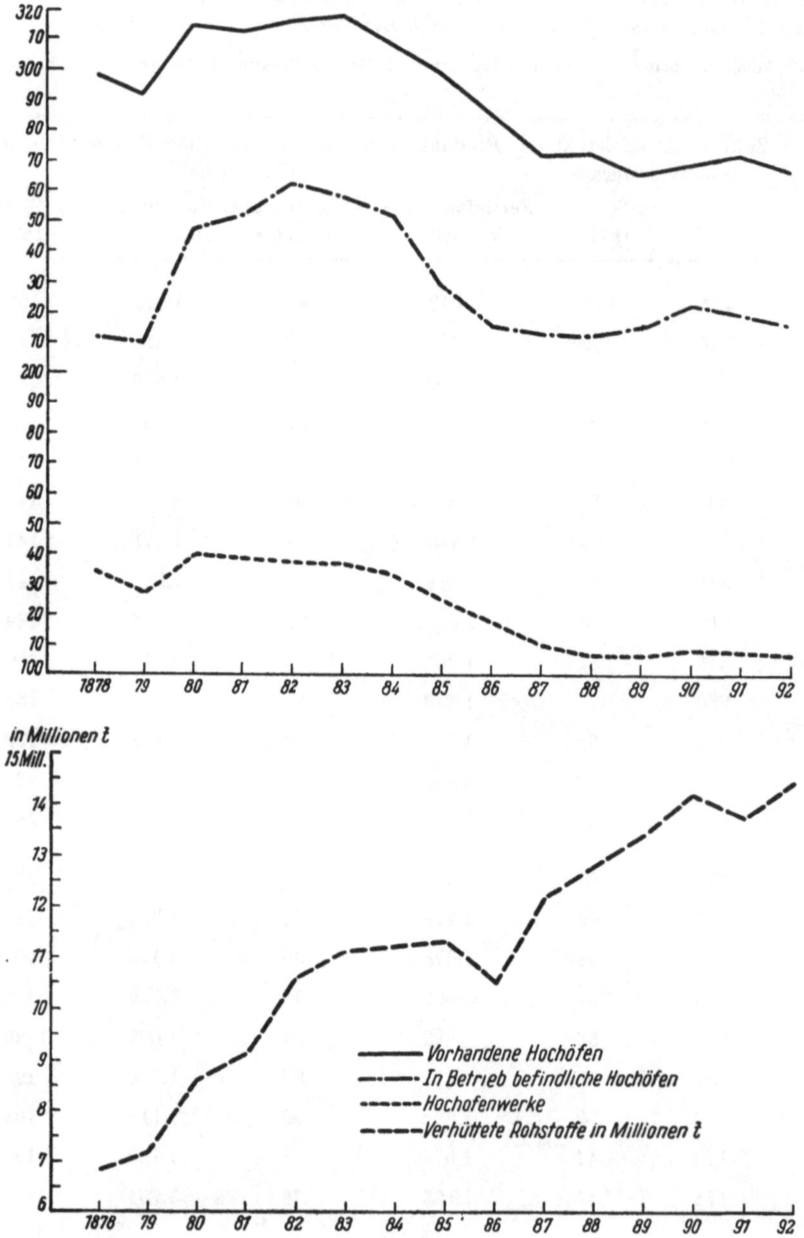

Anzahl der vorhandenen und der in Betrieb befindlichen Hochöfen, der Hochofenwerke und Summe der verhütteten Rohstoffe in Deutschland (einschl. Luxemburg) 1878–1892

(Zahlen entnommen aus: Statistisches Handbuch für das Deutsche Reich, Erster Teil, Berlin 1907, S. 258)

ANLAGE VI

Roheisenpreise je Tonne in Mark

	Hamburg		Breslau		Rh.-west. Ind.-Geb.
Jahr	Schottisches Roheisen Nr. 1 (ab 1889 Preise einschl. Zoll 10,– je t)*)	verzollt vom Lager Hamburg**)	Puddeleisen ab Werk***)	Gießerei-roheisen ab Werk**)	Gießerei-roheisen Nr. III ab Hütte*)
1871	85,44				
1872	142.04				
1873	140,87				
1874	115,39				
1875	94,44				
1876	80,80				
1877	81.04				
1878	74,74				
1879	64,59		51,67		
1880	74,59		66,75		59,00
1881	66,06	76,1	55,88	62,3	56,50
1882	72,89	82,9	66,08	69,5	65,57
1883	70,17	80,2	57,79	63,6	59,63
1884	65,98	76,0	54,48	60,3	53,06
1885	61,50	71,5	48,31	56,5	50,79
1886	55,94	65,9	43,54	51,3	44,52
1887	59,20	69,2	49,54	54,2	49,25
1888	57,20	67,0	52,00	58,0	51,52
1889	80,21	80,2	58,54	65,0	61,00
1890	89,14	89,1	66,60	74,4	67.23
1891	80,53	80,5	48,21	54,8	60,00
1892	70,31	70,3	48,88	52,6	56,63
1893	68,52	68,5	50,21	52,5	53,83
1894	72,28	72,3	49,33	50,3	53,75
1895	70,01	70,0	48,32	49,2	54,67
1896	69,58	69,6	57,89	57,5	57,50
1897	69,85	69,9	61,25	61,7	60,00
1898	71,35	71,4	59,71	61,6	60,40
1899	92,38	92,4	72,06	75,5	75,75

*) Nach Sonderheft Nr. 37 des Instituts für Konjunkturforschung („Die Großhandelspreise in Deutschland von 1792.

**) Nach Statistischem Handbuch, Teil I, S. 479.

***) Nach Sonderheft Nr. 37 und Statistisches Handbuch.

Jahr	Düsseldorf		Ruhrbezirk	Dortmund		Hamburg
	Bestes deutsches Gießerei-Roheisen ab Werk**)	Bestes deutsches Puddeleisen ab Werk***)	Bessemer Roheisen**)	West f. Puddel-Eisen Nr. I ab Werk**)	Thomas-Roheisen ab Werk**)	Middlesborough Nr. 1 verzollt vom Lager**)
1871						
1872						
1873						
1874						
1875						
1876						
1877						
1878						
1879		56,08				
1880		71,42				
1881	73,3	59,04	69,3	57,4		62,1
1882	75,0	64,58	70,1	65,0		69,2
1883	72,3	57,58	60,6	57,6	48,8	65,3
1884	65,7	50,04	53,1	50,4	43,9	60,3
1885	58,4	44,52	45,8	44,2	41,3	58,9
1886	51,3	40,88	42,6	41,0	39,0	52,2
1887	54,9	46,71	49,0	46,6	43,2	54,4
1888	57,4	50,85	52,7	50,5	45,3	55,2
1889	70,8	65,29	65,9	64,5	54,8	66,4
1890	83,6	77,50	79,8	70,0	61,0	70,8
1891	71,2	52,83	62,1	52,1	49,5	62,4
1892	65,5	51,38	57,8	50,5	49,3	60,0
1893	62,0	46,25	52,0	46,7	45,5	55,9
1894	62,8	45,25	52,0	45,6	45,2	56,7
1895	63,7	44,68	52,0	47,0	45,6	56,2
1896	65,3	54,41	59,0	52,4	52,8	57,9
1897	67,0	58,54	63,4	57,4	57,5	62,0
1898	67,3	58,88	63,5	58,0	57,0	62,8
1899	81,6	68,98	65,4	59,5	58,5	81,2

bis 1934"); Berlin 1935.

*) Nach Sonderheft Nr. 37 des Instituts für Konjunkturforschuug („Die Großhandelspreise in Deutschland von 1792.

**) Nach Statistischem Handbuch, Teil I, S. 479.

***) Nach Sonderheft Nr. 37 und Statistisches Handbuch.

ANLAGE VII

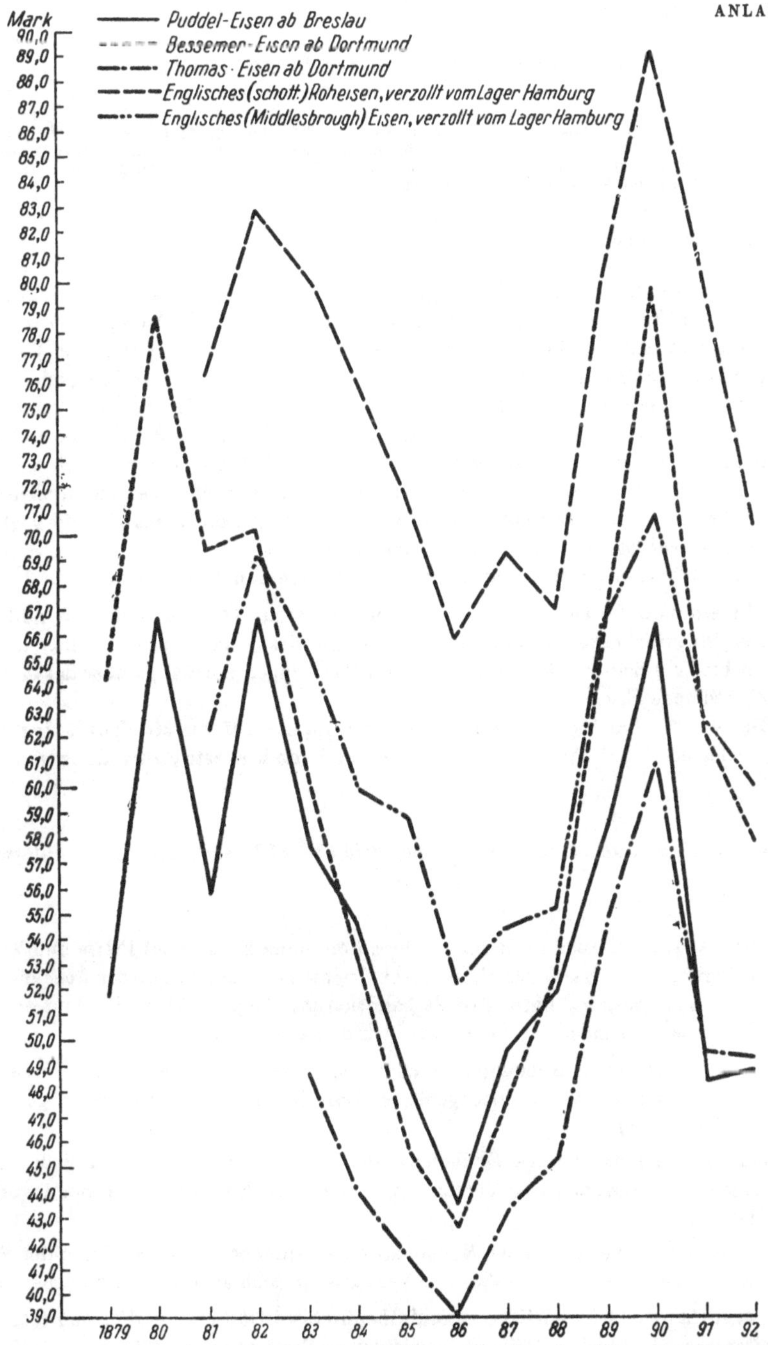

Roheisenpreise, deutsche und englische, je Tonne in Mark 1879—1892 für verschiedene Roheisensorten

(Zahlen entnommen aus: Statistisches Handbuch für das Deutsche Reich, Erster Teil, Berlin 1907, S. 479)

ANLAGE VIII

Geschichtliche Entwicklung der Kartelle in der Eisen- und Stahlindustrie Deutschlands

(Angaben entnommen aus *Klotzbach, A.*, Der Roheisenverband. Düsseldorf 1926; *Voelcker, H.*, Bericht über das Kartellwesen in der inländischen Eisenindustrie. Berlin 1908; *Embacher, G.*, Periodische Wandlungen im Zusammenschluß der deutschen Industrie. Dessau 1928; *Caro*, Der deutsche Walzwerksverband. In: Schriften des Vereins für Sozialpolitik. Band LX, Leipzig 1894)

1. Die Roheisenindustrie – frühere Kartellierungsversuche

Um 1840: Erste Zusammenschlußbestrebungen von Hüttenwerken im nassauischen Bezirk. Aus dem Schriftstück „Zum Vortrag bei der Zusammenkunft der hiesigen Hüttenbesitzer, welche auf den 12. Januar 1844 ausgeschrieben ist": „Das Mittel (zur Vermeidung des Unterganges der deutschen Roheisenproduktion. R. S.) ist Einigkeit unter uns Roheisenproduzenten, und die Schande vor der Welt trifft uns um so gerechter, als unser Gewerbe nicht so sehr verbreitet und vervielfältigt ist, wie fast alle anderen und daher im Verhältnis zu anderen Gewerben eigentlich nur wenige Köpfe unter einen Hut zu bringen sind". Bei einem Hinweis auf die Vorteile eines Zusammenschlusses wird erklärt: „4. Wir können für unsere Produkte . . . die Verkaufspreise nicht unbedeutend verbessern, wenn wir nur einig sind . . ."
Der Erfolg dieser ersten Kartellierungsversuche ist nicht bekannt.

1857 bis 1889: „Verein zum Verkauf von nassauischem Roheisen, Oberlahnstein". Syndikat. Aus den Statuten (1869): „Sämtliche Mitglieder des Vereins begeben sich damit des Rechts zum Selbstverkaufe sowie jeder selbständigen Verfügung über das dem Verein überwiesene Eisen".
Dieses Syndikat löste sich erst in dem Augenblick auf, als die Verhüttung der Erze mittels der Holzkohle verdrängt wurde durch die breiteste Anwendung von Koks.

Kartelle und Syndikate in der Roheisenindustrie ab 1873, nach Standorten aufgeschlüsselt

Rheinland-Westfalen

1873: „Statistischer Verband", lose Konzentration, ohne Einfluß auf Preise und Verkaufsbedingungen. Aufgabe des Verbandes: Orientierung der Mitglieder über die Marktlage. Jedes Mitglied hatte der Verbandsleitung Angaben über Produktion, Preise, Absatz usw. zu machen. Diese Daten wurden allen zugestellt.

1879: Verband der Gießereiroheisen produzierenden Hochofenwerke Rheinland-Westfalens, Hessen-Nassaus und des Harzgebietes. Lose Konvention, aber schon gemeinsame Preisfestsetzung.

1879: Zusammenschluß von 14 Hochofenwerken. Aufgabe: Einschränkung der Puddelroheisenproduktion. Diese Vereinigung löst sich infolge schwacher Beteiligung bald wieder auf.

1880: Konvention vieler deutscher Hochofenwerke. Aufgabe: Einschränkung der Produktion von Puddeleisen um 15%. Der Verband löst sich ebenfalls bald wieder auf.

1882: „Qualitäts-Puddeleisen-Konvention" rheinisch-westfälischer und nassauischer Hochofenwerke (16 Werke). Aufgabe: Gemeinsame Festsetzung von Preisen und Verkaufsbedingungen. Kampfpreise gegen die Konkurrenz der Siegerländer Hütten. Ab Ende

1882 arbeitet die Konvention aber schon Hand in Hand mit dem 1882 gegründeten Siegerländer Kartell für Puddelroheisen. Dauer der Konvention unbekannt, sicher nicht länger als bis 1885.

1886 bis 1893: „Rheinisch-Westfälischer Roheisenverband für Gießerei-, Bessemer-, Thomas- und Qualitätspuddeleisen.“ Sitz in Düsseldorf, Vereinigung von 17 Hochofenwerken, darunter die drei größten deutschen Werke: Gutehoffnungshütte, Hörder Bergwerks- und Hüttenverein, Dortmunder Union-A. G.
Aufgabe: gemeinsame Regelung von Preisen und Verkaufsbedingungen für das Inland. Keine Gleichberechtigung der Mitglieder. Je 1000 t Erzeugung eine Stimme in der Generalversammlung.
Noch keine Quotenfestlegung. — Die gegenseitigen Preisunterbietungen der einzelnen Werke bei Gießereiroheisen (starke englische Konkurrenz) konnten nicht verhindert werden. Außerhalb des Verbandes standen 4 Firmen, darunter Krupp. Konkurrenzkampf dieses Verbandes mit den Siegerländer Hochofenwerken.

1888: „Rheinisch-Westfälische Verkaufsstelle für Qualitäts-Puddel-Roheisen.“ Sitz in Düsseldorf, Syndikat. Erster Erfolg der Unternehmer bei dem Bemühen, die Händler auszuschalten und den Verkauf selbst zu übernehmen. Die Verkaufsstelle hatte den Charakter eines Syndikats . Dem Syndikat gehören alle Puddelroheisen produzierenden Werke an, die schon im „Rheinisch-westfälischen-Roheisenverband“ zusammengeschlossen waren. 1889 schließen sich 3 Siegerländer Werke an.
Die einzelnen Werke verloren das Recht selbständigen Verkaufs dieser Roheisensorte im Inland, d. h. Rheinland-Westfalen. Erste Ergebnisse des Zusammenschlusses: 2 Preiserhöhungen im Jahre 1889 (Aufschwungphase!) Ab 1890 Kampfpreise gegen die Konkurrenz des Siegerlandes. Bei beginnender Krise (1890) wird eine Produktionseinschränkung von 20% beschlossen. Die Konkurrenz der Siegerländer Werke kann nicht durch Verhandlungen beseitigt werden.

1894: „Gemeinsame Verkaufsstelle für Qualitäts-Puddel-Eisen und Stahleisen“ Sitz in Düsseldorf. Syndikat. Sie ist das Ergebnis der Verständigung zwischen der o. a. „Rh.-Westf. Verkaufsstelle für Qualitäts-Puddel-Roheisen“ und dem „Verein für den Verkauf von Siegerländer Roheisen“.

1891: „Gemeinsame Verkaufsstelle für phosphorhaltiges Roheisen zur Stahl-, bzw. Flußeisen-Fabrikation“, Sitz in Düsseldorf. Syndikat.
Mitglieder sind fünf dem Rheinisch-Westfälischen-Roheisenverband angehörende Werke, die Thomasroheisen herstellten.
Die geringe Zahl der Abnehmer des Thomasroheisens (Stahlwerke auf der Basis des Thomas-Gilchrist-Verfahrens) erlaubte eine einfache Organisation.
Die Vertragspartner waren: einerseits die fünf Werke, andererseits die Firma Carl Spaeter als Beauftragte des „Lothringisch-Luxemburgischen-Comptoirs für den Verkauf von Roheisen“. Die Errichtung der „gemeinsamen Verkaufsstelle“ war praktisch eine Verständigung zwischen den lothringisch-luxemburgischen und den rheinisch-westfälischen Hochofenwerken. Ab 1. 12. 1891 wurde die Verkaufsstelle in „Thomasroheisen-Verkaufsstelle“ umbenannt. Statt der fünf Firmen wurde nun der „Rheinisch-westfälische Roheisenverband“ Vertragspartner.

1893: „Verkaufsstelle für Gießerei-Roheisen“. Sitz in Düsseldorf. Syndikat. Zusammenschluß von 10 Werken, zumeist AG. 5 Werke standen außerhalb des Syndikats.
Die Bildung von Kartellen und Syndikaten in der rheinisch-westfälischen Roheisenindustrie hatte damit ihren vorläufigen Abschluß gefunden. Der 1886 gebildete

„Rheinisch-Westfälische Roheisenverband" war überflüssig geworden, weil Produktion, Preisgestaltung und Absatz für alle Roheisensorten monopolisiert waren.

Siegerland

1882 bis 1883: „Puddeleisenkonvention"
Festlegung von Minimalpreisen, kein gemeinsamer Verkauf.
(Nähere Angaben unbekannt.)

1885: „Vereinigung der Produzenten von Siegerländer Roheisen", 30 Hütten. Aufgabe: Preise und Verkaufsbedingungen zu „regulieren".
Diese Vereinigung ist entweder gar nicht erst zustande gekommen oder hat sich innerhalb kürzester Frist aufgelöst (ein Statutenentwurf liegt vor).

1885 bis 1893: „Verkaufsvereinigung" Siegerländer Eisenwerke. Syndikat. Aufgabe: Festlegung von Minimalpreisen, Schaffung einheitlicher Verkaufsbedingungen im Inland und im Ausland (!) für Siegerländer Spiegeleisen, einer auch im Ausland sehr begehrten Eisensorte.

1894: „Verein für den Verkauf von Siegerländer Roheisen." Sitz in Siegen. Syndikat, bestehend aus 20 Hochofenwerken. Ergebnis der seit 1890 geführten Verhandlungen. Dieses Syndikat hatte die straffste Organisation aller bis dahin gebildeten Verkaufsvereinigungen. Aufgabe: Produktion und Absatz gemeinsam zu regeln.

Lothringen — Luxemburg

Die Monopolisierungstendenzen waren hier früher von Erfolg gekrönt als anderswo. Grund: Mit Einführung des Thomas-Gilchrist'schen Verfahrens (1879) erlangten die für diesen Zweck besonders gut geeigneten Minette-Erze dieses Gebietes (stark C-haltig) große Bedeutung. Die so gegebene (natürliche) Monopolstellung schuf günstige Bedingungen zur Kartellierung.

1879: „Lothringisch-Luxemburgisches Comptoir für den Verkauf von Roheisen". Sitz in Luxemburg. Syndikat. Zusammenschluß von 9 Hochofenwerken, die außer Bessemerroheisen alle anderen Roheisensorten produzierten. Neuer Vertragsabschluß 1886. Verkauf auch nach dem Ausland gemeinsam geregelt.

1891: Verständigung zwischen dem Comptoir und den rheinisch-westfälischen Werken.

Oberschlesien

In der oberschlesischen Hochofenindustrie sind vor 1892 keine nennenswerten Kartelle oder Syndikate entstanden. Während der Jahre 1887 bis 1893 bestand zwischen den dortigen reinen Hochofenwerken und dem oberschlesischen Walzwerksverband ein Abkommen, wonach der Walzwerksverband die gesamte Puddeleisenproduktion übernahm. Erst für das Jahr 1903 wird von Voelcker ein „Oberschlesisches Roheisensyndikat" in Beuthen, 8 Werke umfassend, erwähnt.

Stand der Syndikatsbildungen am 1. 4. 1894

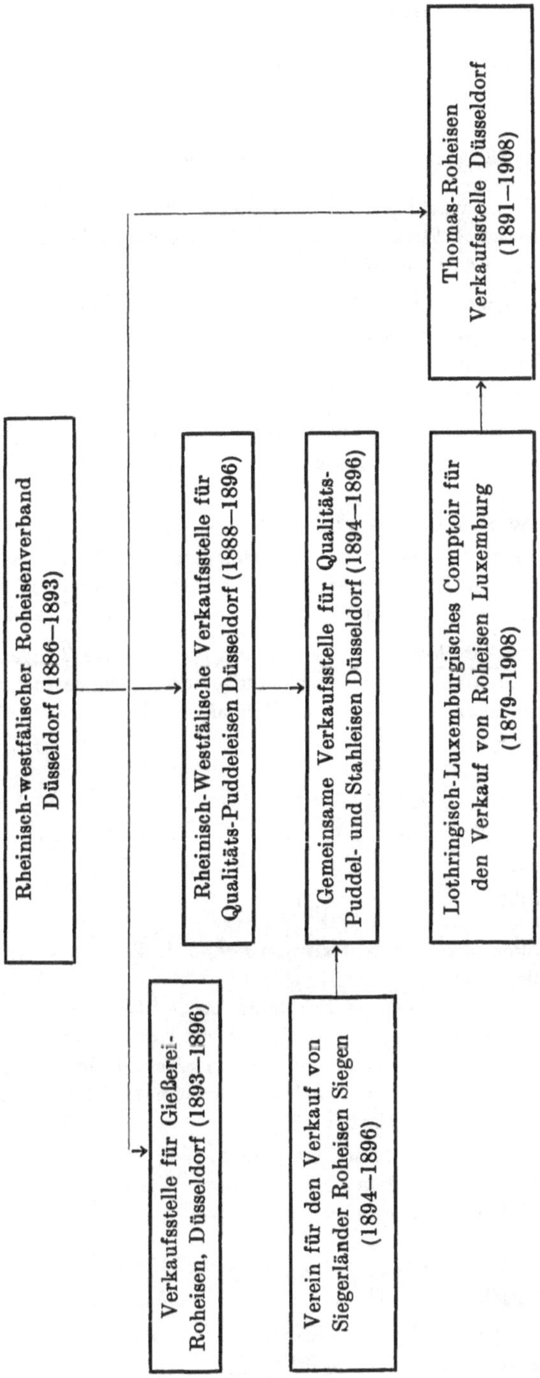

2. Die Stahlproduktion (Die Halbzeug produzierenden Werke)

Vor 1895 lassen sich keine bedeutenderen Verbände der Halbzeugproduzenten feststellen.

3. Kartelle und Syndikate in der Walzwerksindustrie

1886: „Verkaufsbureau vereinigter oberschlesischer Walzwerke." Sitz in Gleiwitz. Syndikat, zunächst aus 6 Werken bestehend. Außenseiter: 4 Werke, vor allem die „Vereinigte Königs- und Laurahütte".

1887: „Verband oberschlesischer Walzwerke." Sitz in Berlin, Syndikat. Umfaßte mit Ausnahme eines Werkes sämtliche oberschlesischen Walzwerke. Aufgabe: gemeinsame Regelung von Produktion, Preisen und Absatz für das Inland und den ausländischen Markt.

1887: „Rheinisch-westfälischer Walzwerksverband." Sitz in Düsseldorf. Syndikat, bestehend aus 16 Werken. Regelung von Produktion, Preisen und Absatz nur für das Inland.

1887: „Deutscher Walzwerksverband". Ergebnis der Verhandlungen zwischen dem schlesischen, rheinisch-westfälischen und mitteldeutschen Walzwerksverband. Die „Konvention süddeutscher Walzwerke" stand zunächst außerhalb. Vereinigung von 28 Werken (16 rheinisch-westfälische, 8 oberschlesische, 4 mitteldeutsche).

1888: „Deutscher Walzwerkverband" (wie oben). Die bisherige Konvention der Saar- und Moselwerke vereinigte sich zu einer süddeutschen Gruppe und tritt mit 11 Unternehmen dem Deutschen Walzwerksverband bei, der sich nun wie folgt zusammensetzt:

1. Rhein.-westf.	Gruppe	mit	16	Werken	u. 34,29%	Anteil am dtsch. Markt
2. Oberschlesische	„	„	8	„	„ 27,80%	„ „ „ „
3. Mitteldeutsche	„	„	4	„	„ 10,74%	„ „ „ „
4. Süddeutsche	„	„	11	„	„ 27,17%	„ „ „ „

Dieses Syndikat hatte eine Zentralverkaufsstelle in Berlin und verschiedene Gruppenverkaufsstellen.
(2. Halbjahr 1889 bedeutende Erhöhung der Preise: 150,–, 170,–, 195,–, 210,–, Fallen der Preise 1890 bis auf 140 Mk.) Starke Konkurrenz der Außenseiter. Darum 1892 Preissturz auf 132,50 Mark pro Tonne Walzeisen. Besonders starke Konkurrenz der Außenseiter in Rheinland-Westfalen führte im Juni 1893 zu einer erneuten Preissenkung auf 100 bzw. 95 Mark.

1891: „Deutscher Walzwerksverband" (wie oben).
Bis zum 1. 4. 1891 traten dem Verband weitere Werke — besonders Rheinland-Westfalens — bei. Neue Gruppierung:

1. Rhein.-Westf.	Gruppe	mit	31	Werken	u. 41,01%	Marktanteil
2. Oberschlesische	„	„	8	„	„ 22,91%	„
3. Mitteldeutsche	„	„	5	„	„ 10,26%	„
4. Süddeutsche	„	„	13	„	„ 25,82%	„

(Zur Preisgestaltung des Deutschen Walzwerksverbandes:

In ganz Deutschland werden gleiche Frankopreise für die entsprechenden Materialien genommen. Die einzelnen Gruppen des Verbandes haben jene Absatzgebiete zugewiesen bekommen, die für sie in bezug auf den Transport am günstigsten liegen. So übernimmt die schlesische Gruppe die Provinzen Schlesien und Posen usw.

Gemeinschaftliches Absatzgebiet sind Sachsen, Mark Brandenburg, Pommern, Ost- und Westpreußen.

„Prinzipiell wird, soweit das System nicht durch das . . . Auftreten der Außenverbandskonkurrenz in speziellen Fällen eine Durchbrechung erfahren muß, die Preisstellung so gewählt, daß der Verband genau gegen den Import ausländischen Eisens konkurriert, d. h., daß der Verband die Preise so stellt, daß nach dem für den Import günstig gelegenen Seehafen Hamburg die Einfuhr englischen Eisens nicht möglich ist, *ein System, bei welchem der der deutschen Walzeisenindustrie gewährte Schutzzoll voll zur Geltung kommt.*“ (Von mir hervorgehoben. R. S.)

QUELLEN- UND LITERATURVERZEICHNIS

DEUTSCHES ZENTRALARCHIV, POTSDAM

a) *Reichstag des Deutschen Reiches*
Akten-Nr. 1678

b) Steuer- und Zollsachen
Akten-Nr. 3466 und 3467

c) Zollwesen
Akten-Nr. 3549 und 3551

d) *Reichskanzlei*
Steuer- und Zollsachen
Akten-Nr. 2140 und 2141

DEUTSCHES ZENTRALARCHIV, MERSEBURG

Ministerium für Handel und Gewerbe

a) Akten, betreffend die Beförderung des Handels und der Industrie, vom 21. 2. 1883 bis 28. 11. 1888, Rep. 120 C. Abt. VIII, Fach 1, Nr. 25, vol. 6

b) Akten, betreffend Beförderung und Schutz des einheimischen Handels und der Industrie, vom 26. 2. 1889 bis 29. 6. 1897, Rep. 120 C, Abt. VIII, Fach 1, Nr. 25, vol. 7

c) Akten, betreffend den Handel mit Eisen und Stahl. Abt. VIII, Fach 1, Nr. 65, vol. 1 und 2

d) Akten, betreffend die industriellen Vereinigungen zum Zwecke der Produktionsförderung und Hebung des Absatzes.
Rep. 120 C, Abt. VIII, Fach 1, Nr. 72, vol. 1

e) Akten, betreffend den deutschen Walzwerksverband.
Rep. 120 C, Abt. VIII, Fach 1, Nr. 72, ad 10

f) Akten, betreffend den Verband Deutscher Drahtstiftfabrikanten.
Rep. 120 C, Abt. VIII, Fach 1, Nr. 72, ad 13

g) Akten, betreffend die oberschlesische Eisenindustrie und die Kartelle daselbst.
Rep. 120 C, Abt. VIII, Fach 1, Nr. 159, Band 1: 1882–1910

Marx, Karl, Das Kapital. Berlin, Bd. I, 1955; Bd. II, 1955; Bd. III, 1956.

Marx Karl, Die Schutzzöllner, die Freihandelsmänner und die arbeitende Klasse. Rede über die Frage des Freihandels. Beide Artikel in Marx/Engels, Werke, Bd. IV. Berlin 1959.

Engels, Friedrich, Schutzzoll oder Freihandels-System. Der Freihandelskongreß in Brüssel. Der ökonomische Kongreß. Alle Artikel in Marx/Engels, Werke, Bd. IV. Berlin 1959.

Engels, Friedrich, Schutzzoll und Freihandel, in Marx/Engels: Kleine ökonomische Schriften Berlin 1955.

Engels, Friedrich, Der Sozialismus des Herrn Bismarck, in Marx/Engels/Lenin/Stalin: Zur deutschen Geschichte, Bd. II, 2. Halbband. Berlin 1954.

Engels, Friedrich, Über die Gewaltstheorie, Gewalt und Ökonomie bei der Herstellung des neuen Deutschen Reiches. Berlin 1952.

Marx, Karl/Engels, Friedrich, Briefwechsel, Bd. IV. Berlin 1950.

Lenin, W. I., Der Imperialismus als höchstes Stadium des Kapitalismus, in Ausgew. Werke, Bd. I, Berlin 1953.

Lenin, W. I., Hefte zum Imperialismus. Dietz Verlag, Berlin 1957.

Mehring, Franz, Geschichte der deutschen Sozialdemokratie, 4. Band, 5. Auflage, Stuttgart 1913.

Bebel, August, Aus meinem Leben, Dritter Teil, herausgegeben von Kautsky, K., Berlin 1946.

Kautsky, Karl, Handelspolitik und Sozialdemokratie. Berlin 1901.

Hilferding, Rudolf, Das Finanzkapital. Berlin 1955.

Kuczynski, Jürgen, Studien zur Geschichte des deutschen Imperialismus. Bd. I, Monopole und Unternehmerverbände. Berlin 1952 (2. Aufl.). Bd. II, Propagandaorganisationen des Monopolkapitalis. Berlin 1950.

Kuczynski, Jürgen, Studien zur Geschichte des Kapitalismus. Berlin 1957.

Oelßner, Fred, Die Wirtschaftskrisen. Dietz Verlag, I. Band, Berlin 1952.

Bondi, Gerhard, Deutschlands Außenhandel 1815–1870. Berlin 1958.

Schreiner, Albert, Zur Geschichte der deutschen Außenpolitik, 1871–1945, Erster Band: 1871–1918, Berlin 1952.

Meusel, Alfred, Beiträge zur Geschichte des deutschen Imperialismus von 1890–1914, 1. Teil, Berlin 1951.

König, Erika, Die deutsche Sozialdemokratie und die aufkommenden Wirtschaftsmonopole. Berlin 1958.

Arndt, A., Die industrielle Enquete und die Wiedereinführung der Eisenzölle. Essen 1878.

Bamberger, L., Das Schreiben des Reichskanzlers an den Bundesrat vom 15. Dez. 1878, betreffend die Revision des Zolltarifs. Berlin 1879.

Bayerdörffer, A., Schutzzoll und Freihandel mit besonderer Bezugnahme auf die deutsche Eisenzollfrage. Jena 1877.

Beck, L., Die Geschichte des Eisens. 5. Abt., Das XIX. Jahrhundert. Braunschweig 1903.

Böhme, K., Dreißig Jahre deutscher Schutzzollpolitik. Heidelberg 1909.

Bonikowsky, R., Der Einfluß der industriellen Kartelle auf den Handel in Deutschland. Jena 1907.

Bueck, H. A., Der Centralverband Deutscher Industrieller 1876–1901, 3 Bände. Berlin o. J.

Bueck, H. A., Der Centralverband Deutscher Industrieller und seine dreißigjährige Arbeit von 1876–1906. Berlin 1906.

Calwer, R., Kartelle und Trusts. Berlin o., J. (Handel, Industrie und Verkehr in Einzeldarstellungen, Bd. VIII).

Dörsam, H., Die Konjunktur in der Hochofenindustrie unter der Preispolitik der Rheinisch-Westfälischen Roheisensyndikate 1879–1913. Dissertation, Frankfurt 1932.

Embacher, G., Periodische Wandlungen im Zusammenschluß der deutschen Industrie. Dissertation, Halle 1928.

Engel, E., Die industrielle Enquete und die Gewerbezählung im Deutschen Reiche und im Preußischen Staate am Ende des Jahres 1875. Berlin 1878.

Engelberg, E., Revolutionäre Politik und Rote Feldpost. 1878–1890. Berlin 1959.

Pretz, M., Die Wechselbeziehungen zwischen der modernen Kartellbewegung und der herrschenden Schutzzollpolitik. Dissertation, Bern 1923.

Gerloff, W., Die Finanz- und Zollpolitik des Deutschen Reiches nebst ihren Beziehungen zu Landes- und Gemeindefinanzen von der Gründung des Norddeutschen Bundes bis zur Gegenwart. Jena 1913.

Glowacki, W., Die Ausfuhrunterstützungspolitik der Kartelle. Dissertation, Leipzig 1908.

Grunzel, J., Über Kartelle. Leipzig 1902.

Gothein, G., Die Wirkungen des Schutzzollsystems in Deutschland. Berlin 1909.

Helfferich, K., Handelspolitik (10 Vorträge). Leipzig 1901.

Hertel, L., Die Preisentwicklung der unedlen Metalle und der Steinkohlen. Dissertation, Halle 1911.

Heymann, M. G., Die gemischten Werke im deutschen Großeisengewerbe. Stuttgart und Berlin 1904.

Jeidels, O., Das Verhältnis der deutschen Großbanken zur Industrie, mit besonderer Berücksichtigung der Eisenindustrie. Leipzig 1905.

Jutzi, W., Die deutsche Montanindustrie auf dem Wege zum Trust. Jena 1905.

Kestner, F., Die deutschen Eisenzölle 1879–1900. Leipzig 1902.

Klotzbach, A., Der Roheisenverband, ein geschichtlicher Rückblick auf die Zusammenschlußbestrebungen in der deutschen Hochofenindustrie. Düsseldorf 1926.

Klug, O., Das Wesen der Kartell-, Konzern- und Trustbewegung. Jena 1930.

Krökel, O., Das preußisch-deutsche Zolltarifsystem in seiner historischen Entwicklung seit 1818, Teil I und II, Jena 1881.

Levy, H., Monopole, Kartelle und Trusts in der Geschichte und Gegenwart der englischen Industrie. Jena 1927, 2. Auflage.

Liefmann, R., Schutzzoll und Kartelle. Jena 1903.

Liefmann, R., Kartelle und Trusts und die Weiterbildung der volkswirtschaftlichen Organisation. Stuttgart 1922, 5. Auflage.

Liefmann, R., Die Unternehmerverbände. Freiburg 1897.

Lotz, W., Sonderinteressen gegenüber der Wissenschaft einst und jetzt (ein Beitrag zur Beurteilung der Wirkungen des Protektionssystems auf die Industrie). Berlin 1901.

Mannstaedt, H., Die Konzentration in der Eisenindustrie und die Lage der reinen Walzwerke. Jena 1906.

Marshall, A., Die zollpolitische Regelung des Außenhandels. Jena 1925.

Martin, R., Die Eisenindustrie in ihrem Kampf um den Absatzmarkt. Leipzig 1904.

Matlekovits, A. v., Die Zollpolitik der österreichisch-ungarischen Monarchie und des Deutschen Reiches seit 1868 und deren nächste Zukunft. Leipzig 1891.

Mender, F., Der moderne Protektionismus, Dissertation. Bern 1915.

Mombert, P., Die Belastung des Arbeitseinkommens durch die Kornzölle. Jena 1901.

Morgenroth, W., Die Exportpolitik der Kartelle. Leipzig 1907.

Moritz, E., Eisenindustrie, Zolltarif und Außenhandel. Berlin 1902.

Müssig, E., Eisen- und Kohlenkonjunkturen seit 1870 (Preisentwicklung in der Montanindustrie unter Einwirkung von Technik, Wirtschaft und Politik). Augsburg 1919.

Neumann, B., Die Metalle. Halle 1904.

Pohle, L., Die Kartelle der gewerblichen Unternehmer. Leipzig 1898.

Prasse, G., Die Betriebskonzentration in der Schwereisenindustrie Deutschlands, Dissertation. Halle 1927.

Rabius, W., Der Aachener Hütten-Aktien-Verein in Rote Erde, 1846–1906. Jena 1906.

Riesser, Von 1848 bis heute, Bank- und finanzwissenschaftliche Studien. Jena 1912.

Rittershausen, H., Internationale Handels- und Devisenpolitik. Fritz Knapp Verlag, Frankfurt/Main 1955, 2. Auflage.

Röpke, W., Weltwirtschaft und Außenhandelspolitik. Berlin 1931.

Sering, M., Geschichte der preußisch-deutschen Eisenzölle von 1818 bis zur Gegenwart. Leipzig 1882.

Singer, J., Das Land der Monopole: Amerika oder Deutschland. Berlin 1913.

Sombart, W., Der moderne Kapitalismus. München und Leipzig 1923, 4. Auflage.

Schoenlank, B., Die Kartelle. Beiträge zu einer Morphologie der Unternehmerverbände. In: Archiv für soziale Gesetzgebung und Statistik. Tübingen 1890, 3. Band.

Schmitz, O., Die Bewegung der Warenpreise in Deutschland von 1851 bis 1902. Berlin 1903.

Stadler, Th. W., Wie wirken Schutzzölle auf die Bildung von nationalen und internationalen Kartellen sowie auf die Kartellpolitik? Dissertation, Freiburg/Br. 1933.

Strippelmann, L., Deutschlands industrielle Krisis in der Gegenwart. Leipzig 1877.

Tross, A., Der Aufbau der Eisen- und eisenverarbeitenden Industrie-Konzerne Deutschlands. Berlin 1923.

Tschierschky, S., Die Organisation der industriellen Interessen in Deutschland. Göttingen 1905.

Voelcker, H., Bericht über das Kartellwesen in der inländischen Eisenindustrie. Berlin 1909.

Vogelstein, Th., Die Industrie der Rheinprovinz 1888–1900. Stuttgart und Berlin 1902.

Voigt, L., Export zu Schleuderpreisen. Berlin 1911.

Wergo, H., Freihandel und Schutzzoll als Mittel staatlicher Machtentfaltung. Untersuchungen zur Problematik der Handelspolitik. Jena 1928.

Wirth, Max, Geschichte der Handelskrisen. J. P. Sauerländers Verlag, Frankfurt/M. 1874.

Wiedenfels, K., Das Rheinisch-Westfälische Kohlensyndikat. Bonn 1912.

Winschuh, J., Der Verein mit dem langen Namen. Berlin 1932.

Wolfers, A., Das Kartellproblem im Lichte der deutschen Kartelliteratur. München und Leipzig 1931.

Zimmermann, A., Die Handelspolitik des Deutschen Reiches vom Frankfurter Frieden bis zur Gegenwart. Berlin 1901, 2. Auflage.

– Sonderheft Nr. 37 des Instituts für Konjunkturforschung: Die Großhandelspreise in Deutschland von 1792 bis 1934. Berlin 1935.

– Handwörterbuch der Staatswissenschaften. Jena 1923 bis 1928, 4. Auflage.

DIE NEUE ZEIT – WOCHENSCHRIFT DER DEUTSCHEN SOZIALDEMOKRATIE

Kautsky, K., Deutsche und amerikanische Zollpolitik. Jahrgang 1891, 1. Band.

Cunow, H., Die Kartelle in Theorie und Praxis. Jahrgang 1904, 2. Band.

Engels, F., Schutzzölle und Freihandel. Jahrgang 1888.

– Der Schutz der nationalen Arbeit. Jahrgang 1886.

Hilferding, R., Der Funktionswechsel des Schutzzolls. Jahrgang 1903, 2. Band.

– Marx über den Schutzzoll. Jahrgang 1901, 1. Band.

Mehring, F., Chinapolitik und Achtmarkzoll.

Huè, G., Woher die Kohlennot und der Kohlenwucher? Jahrgang 1901, 1. Band.

Parvus, Die Handelspolitik und die Doktrin. Jahrgang 1901, 1. Band.

Franz, J. L., Trusts, sogenannte und echte, und Schutzzoll in den Vereinigten Staaten. Jahrgang 1901, 1. Band.

– Protokoll über die Verhandlungen des Parteitages der SPD. Stuttgart 1898.

SCHRIFTEN DES VEREINS FÜR SOZIALPOLITIK

Scheel, H. v., Der auswärtige Handel des deutschen Zollgebiets im letzten Jahrzehnt (1880 bis 1890). Leipzig 1892, Bd. 49.

verschiedene, Über wirtschaftliche Kartelle in Deutschland und dem Auslande. 15 Schilderungen, Leipzig 1894, Bd. 60.

– Verhandlungen des Vereins von 1894 über die Kartelle, Bd. 61.

DEUTSCHES HANDELSBLATT

Wochenblatt für Handelspolitik und Volkswirtschaft. Zugleich Organ für die amtlichen Mitteilungen des Deutschen Handelstages.

Verschiedene Artikel der Jahrgänge 1874 bis 1883.

ZEITSCHRIFT FÜR GESCHICHTSWISSENSCHAFT

Rathmann, L., Bismarck und der Übergang Deutschlands zur Schutzzollpolitik. Jahrgang 1956, Heft 5.

Statistisches Handbuch für das Deutsche Reich, Erster und Zweiter Teil, Berlin 1907.

Neumann-Spallart, F. X. v., Übersichten der Weltwirtschaft. Jahrgang 1881–82, Stuttgart 1884. Jahrgang 1883–84, Stuttgart 1887.

Juraschek, F. v., Übersichten der Weltwirtschaft. Jahrgang 1885–89.

Kolibri 360 GmbH
Ferdinand-Jühlke-Straße 7
99095 Erfurt, Deutschland
produktsicherheit@kolibri360.de